Dynamism of the
Distribution
in China

中国流通の
ダイナミズム

内需拡大期における内資系企業と外資系企業の競争

渡辺達朗　[編]
公益財団法人
流通経済研究所

東京　白桃書房　神田

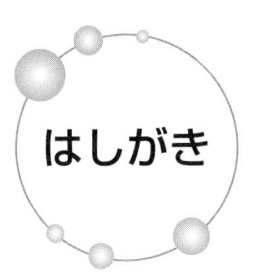

はしがき

　2012年後半以降，日中関係が大きく揺らいできた。かつては政治的側面での緊張の高まりが，そのまま経済的関係に影響しない，いわゆる「政冷経熱」で推移した時期もあったが，今回はそう簡単でもなさそうだ。こうした政治的リスクを前にして，日本企業の中国市場観も揺れている。2012年前半の時点で中国事業の拡大戦略を描いていた企業や，新規参入を企てていた企業のうちいくつかが，拡大抑制や参入延期という様子見の姿勢に転じている。一方，いち早く中国市場に踏みとどまることを表明し，投資拡大に踏み切った企業も存在する。

　いずれにしても，中国市場をどのように位置づけるかを抜きに，これからの日本経済，日本企業を考えることができないことは言うまでもない。中国は全体で14億人を超える人口と7兆3,000億ドルのGDP（2011年）を抱え，沿海部の3大経済圏（環渤海，長江デルタ，珠江デルタ）の中核都市である北京，上海，広州，深圳だけでも人口5,000万人超に達し，GDP構成比は10％台前半を占める。政治的関係はともあれ，こうした超巨大市場が我が国のすぐ隣に存在するという事実に変わりはないからである。

　この間，中国政府は内需拡大を重点政策に位置づけてきており，2012年11月に発足した習近平総書記をトップとする中国共産党新指導部の下でも，消費を中心とする内需拡大による7％超の成長持続の方針が確認されている（2012年12月16日中央経済工作会議）。こうした政策の成否の一端を握っているのが流通・商業である。そこで本書は，日中関係の激動を背景にしつつ，より冷静な観点から中国の市場，流通，消費の現状を明らかにするとともに，今後の方向を展望することを目的としている。本書の特徴は次のようにまとめられる。

　第1に，本書の執筆陣は，ここ数年，財団法人流通経済研究所において実

施してきた「中国流通」に関する共同研究の主要メンバーによって構成されている。この共同研究プロジェクトは，日中の研究者および実務家を組織して進められてきたものであり，本書はその最新の成果をとりまとめたものとなっている。想定している読者層は，研究者だけでなく実務家も対象として含めており，できる限り実務的な関心にも応えられる内容とした。

第2の特徴は，中国流通のダイナミズム，すなわち製造企業，小売企業，卸売企業それぞれの活動状況と水平的・垂直的な関係構築，および消費者の購買行動の特徴について，定性的な事例分析と定量的データ分析とを組み合わせて，実証的に明らかにした点である。

第3の特徴としてあげられるのは，従来の研究では，どちらかというと日本企業の中国市場進出の現状分析や成功／失敗要因分析といった点に焦点を当てるものが多かったが，本書では，中国内資系企業に焦点を当て，その生成・成長・問題といった点を掘り下げた点である。これによって，中国市場における内資系企業，日系企業，外資系企業（欧米系，台湾系，韓国系など）の三つ巴，四つ巴の競争構造について明らかにすることを目指した。

第4にあげられるのは，中国市場の急成長によるビジネスチャンスの拡大という，いわば「光」の部分だけでなく，独特な取引制度の問題など急成長の背後にある「影」の部分に焦点を当て，中国市場や企業間競争について「光と影」という観点から考察を深めた点である。中国に進出している日本企業関係者からは，逐次的に資源を投入していっても，取引先との交渉や競合との消耗戦によって，なかなか儲かりにくい市場となっているという話をしばしば聞く。そうした事態をもたらしている構造的要因の中心には，「入場費」等の費用徴収を中心にした独特な取引制度の問題があるといわねばならない。中国の大規模小売企業のほとんどは，売買差益によってではなく，費用徴収等の独特な取引制度によって利益を確保するという経営モデルに依拠しているのが現実である。そのため，こうした経営モデルの発生要因の解明や対応策の検討が，実務的にも学術的にもきわめて重要な課題となっている。このような問題意識が，本書全編を通じての通奏低音として響いている。

本書は4部で構成されている。第1部では，中国流通の全般的状況が検討

されており，第1章では上位小売企業の経営状況とバイイング・パワー問題に，第2章では「入場費」等の独特の取引制度に基づく中国小売企業の経営モデルの発生・普及過程と規制方策に焦点を当てている。

第2部は小売企業の発展戦略を対象としており，第3章ではカルフール，大潤発といった外資系企業に，第4章では永輝超市をはじめとする内資系小売企業に，第5章で日系の総合スーパーとコンビニエンスストアに焦点を当てている。

第3部はメーカーのチャネル戦略を対象としており，第6章では内資系の食品メーカー娃哈哈（ワハハ）の事例が，第7章では内資系の納愛斯（ナイス）の事例が，第8章では日系の資生堂ファイトイレタリー事業の事例をとりあげている。

第4部は業態・店舗選択という消費者行動に焦点を当てており，上海で実施した消費者調査の結果が紹介・分析されている（第9章）。

最後に，終章では中国小売企業の独特な経営モデルにかかわる問題についてあらためて整理するとともに，今後の研究課題を整理している。

本書をまとめるまでに，編者・執筆者一同は，じつに多くの方々にお世話になった。とりわけ，公益財団法人流通経済研究所の上原征彦理事長（明治大学専門職大学院教授）および加藤弘貴専務理事には，共同研究の場を提供していただくとともに，要所要所で的確なアドバイスをいただいた。また，共同研究のプラットフォームである「中国チェーンストア政策研究会」に参加いただいた日中の実務家，研究者の皆様には，さまざまなご示唆，ご指導をいただいた。一人ひとりのお名前をあげることはできないが，こうした皆様に対して，この場を借りて心から感謝申し上げたい。さらに，出版事情がますます厳しくなるなかで，白桃書房の大矢栄一郎代表取締役をはじめとする関係者の皆様には，本書の出版を快くお引き受けいただいたことについて，心からお礼申し上げたい。

2013年1月1日

編著者を代表して
渡辺達朗

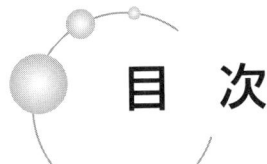

目　次

はしがき ——————————————— i

第1部　中国流通の現状と課題

第1章　中国におけるチェーン小売企業の現状：上位企業の経営状況とバイイング・パワー問題を中心に …………3

1　はじめに　3
2　中国におけるチェーン小売企業の現状　5
　（1）小売業全般の状況　（2）チェーン小売企業の動向　（3）主要小売業態の経営状況
3　スーパー業態の成長と転換　12
　（1）スーパーの成長軌跡　（2）成長戦略の転換　（3）業態タイプ転換の事例
4　供給企業との取引関係をめぐる問題　15
　（1）バイイング・パワー問題の深刻化　（2）2006年「公正取引管理弁法」の制定とその限界　（3）バイイング・パワー規制の強化
5　おわりに　20

　　　　　　　　　　　　　　　　　　　　　　　　　渡辺達朗

第2章　中国におけるチェーン小売企業の「入場費」問題：その進行過程および規制を中心に …………………………25

1　はじめに　25
2　中国における「入場費」問題の基本的特徴　26
　（1）「スロッティング・アローワンス」の導入と格上げ　（2）「入場費」の特徴

3 入場費の形成と制度化の変遷過程　29
　（1）中国小売市場の開放　（2）カルフールの「低コスト・高収益」の経営モデル　（3）カルフール経営モデルの成立の外部要因　（4）外資系小売企業におけるカルフール経営モデルの普及　（5）内資系小売企業におけるカルフール経営モデルの普及と進展

4 入場費問題に関する従来の規制の方向　37
　（1）入場費問題の表面化　（2）入場費の行政的取締り：第1次取締りまで　（3）入場費の行政的取締り：管理弁法の制定　（4）行政的取締りの失敗要因

5 おわりに：入場費問題の法的規制のあり方　43

陳　立平（李雪翻訳・渡辺達朗監訳）

第2部　小売企業の発展戦略

第3章　中国における外資系小売企業の発展戦略：カルフール・大潤発の事例を中心に　……………49

1 はじめに　49
2 中国における外資系小売企業の発展　49
　（1）外資系小売企業の中国市場参入　（2）外資系小売業の現状　（3）中国における外資系ハイパーマーケットの発展
3 カルフールの中国市場における発展要因　53
　（1）カルフールの概要　（2）出店戦略　（3）カルフールのサプライチェーンモデル　（4）カルフールの価格戦略　（5）取引先への条件　（6）カルフール発展のポイントと現在の課題
4 大潤発の発展戦略　59
　（1）大潤発の概要　（2）出店戦略　（3）価格戦略　（4）取引先との関係　（5）オペレーションの標準化　（6）小括
5 おわりに　64

神谷　渉

第4章 中国における内資系小売企業の発展戦略：聯華超市・永輝超市の事例を中心に……67

1 はじめに　67
2 中国における内資系小売企業の発展　67
　（1）内資系小売企業発展の歴史　（2）内資系小売企業の現状　（3）中国における内資系小売企業の特徴
3 聯華超市の発展戦略　70
　（1）聯華超市の事業概要　（2）聯華超市の発展　（3）聯華超市の強み　（4）聯華超市の近年の戦略から見た成長可能性　（5）小括
4 永輝超市の発展戦略　76
　（1）企業概要　（2）永輝超市の特徴：農貿市場の代替を目指す　（3）永輝超市の特徴：生鮮食品調達モデルの確立　（4）永輝超市の広域的展開
5 おわりに　82

　　　　　　　　　　　　　　　　　　　　　　　　神谷　渉

第5章 中国における日系小売企業の発展戦略：日系GMS, CVSを事例として ……85

1 はじめに　85
2 日系小売企業の中国進出状況　85
　（1）中国の小売業態区分　（2）日系小売企業の出店状況
3 日系大型スーパーおよびスーパーマーケットの中国進出状況　88
　（1）欧米系小売企業との比較　（2）イオンおよびイトーヨーカ堂の中国進出状況　（3）日系小売企業の中国進出阻害要因　（4）イオンとイトーヨーカ堂の今後の展開　（5）その他の日系小売企業の中国進出
4 日系コンビニエンスストアの中国進出状況　95
　（1）日系コンビニエンスストアの店舗数推移　（2）各社の状況

（3）今後のコンビニエンスストア業態の展望
5　おわりに　100

矢野尚幸

第3部　メーカーのチャネル戦略

第6章　内資系飲料メーカーのチャネル戦略：食品メーカー娃哈哈（ワハハ）の事例を中心に……………107

1　はじめに　107
2　中国飲料産業の競争構図　108
　　（1）飲料産業の状況　（2）飲料業界の競争状況
3　ワハハの「連銷体」チャネル　112
　　（1）初期の展開　（2）連銷体チャネルの構築　（3）連銷体チャネルの強化　（4）営業体制
4　競争激化とチャネル調整　119
　　（1）チャネル統制の強化　（2）都市市場への進出　（3）情報システムの導入　（4）R&D強化とチャネル再調整
5　おわりに　127

李　雪

第7章　内資系日用品メーカーのチャネル戦略：日用品メーカー納愛斯（ナイス）の事例を中心に　………………131

1　はじめに　131
2　中国日用品業界の競争構図　132
3　全国的販売チャネルの構築　136
　　（1）初期の展開　（2）洗濯石鹸の発売　（3）チャネル体制の調整　（4）洗剤分野への参入　（5）全国的販売チャネルの整備
4　戦略転換と販売チャネルの再構築　143
　　（1）P&Gとの競争激化　（2）高付加価値商品の展開　（3）シャンプーの展開

5 おわりに 149

李　雪

第8章 日系メーカーのチャネル戦略：資生堂ファイトイレタリー事業の事例 ……………………………153

1 はじめに 153
2 資生堂の中国市場戦略 155
   （1）輸入販売から現地生産・現地販売へ （2）化粧品専門店事業の展開 （3）百貨店，専門店，薬局のマルチチャネル戦略
3 中国における資生堂ファイントイレタリー事業の展開 159
   （1）中国市場参入 （2）販売チャネル構築 （3）マーケティングの狙いと活動 （4）チェーン小売企業との交渉と取り組み （5）代理店との関係 （6）中国市場で成功するための留意点
4 おわりに：資生堂ファイントイレタリー事業の競争力 168

渡辺達朗

第4部　消費者の業態・店舗選択

第9章 中国消費者のチェーン小売企業の利用実態：上海での調査から ……………………………………177

1 はじめに 177
2 調査結果の概要 177
   （1）調査の設計 （2）各業態の利用状況 （3）カテゴリーごとの小売業態選択 （4）小括
3 上海消費者のハイパーマーケットの評価：ウォルマートと世紀聯華の比較 185
   （1）両社の概要 （2）消費者の評価 （3）ハイパーマーケット間比較のまとめ
4 上海消費者のコンビニエンスストアの評価：ファミリーマートと好徳の比較 191

（1）両者の概要　（2）消費者の評価　（3）コンビニエンスストア
　　　間比較のまとめ
5　おわりに　196

矢野尚幸

終章 …………………………………………………………197

1　曲がり角にきている中国小売業　197
2　「食利型」経営モデルからの脱却に向けて　199
3　今後の研究課題　201

渡辺達朗

第1部
中国流通の現状と課題

第1章 中国におけるチェーン小売企業の現状：

上位企業の経営状況とバイイング・パワー問題を中心に

1 はじめに

　現在の中国の社会や市場，消費を語るうえで，重要なキーワードとしてあげられるのは"80后"（バーリンホウ）および"90后"（キューリンホウ）であろう。これらはそれぞれ，1980年代および1990年代に生まれた世代を指している。彼らは改革開放後の経済成長，国際化，一人っ子政策の中で育ち，消費社会の中心を担ってきており，スーパーマーケットやハイパーマーケット，コンビニエンスストア，ドラッグストアなどの新しい小売業態を積極的に利用することで，小売業界の革新を消費面から後押ししてきた。

　とりわけ近年注目されているのは，2012年に最初の大学卒業生を出し社会進出元年を迎えた"90后"である。そうしたことから，彼らの意識や行動の特徴を把握するための調査がさまざまな機関によって行われている。

　中国のある研究機関が行った調査（「90后文化調査報告」）によると，彼らのそれ以前の世代と異なる最大の特徴は，インターネットを駆使し，何か新しいものをつくり出す意欲がある反面で，行動が未熟で要求が多く，安定性に欠けている点にあるといわれ，次のような3つの傾向が指摘できるという[1]。①社会のルールと自身にとっての利益を理解してチャンスを狙っている。②"70后"の団体意識や"80后"の唯我独尊とは異なり，グループの中で仲間がいるという帰属感，緩やかなグループ主義（松圏主義）を重視するとともに，そのグループ内で発言権を握りたがる。③バンジージャンプのように飛び込んで自己を探す傾向があり，極端で新しくて奇抜な体験の中で，

自身で価値判断を決めたいと願っている。

　"80后"および"90后"は，現代中国社会の光の部分を体現する一方，「蟻族」と呼ばれる高学歴ワーキングプアの一群をも生み出している。「蟻族」は大学や大学院を卒業したにもかかわらず就職できず，都市の特定地域に寄り添うように集団で生活をしている若者たちのことで，廉（2010）によって命名され，その実態が生々しく描かれた。その意味で，これらの世代は現代中国社会の影の部分をも体現している。そうした光と影は，現代中国における都市と農村との間，あるいは大都市と中小都市との間の水平的な格差，および都市内での所得等の経済的条件の違いに基づく垂直的な格差の拡大という構造的な問題に起因する面が強い。

　現在の中国の社会と消費の特徴に関連して，もう１つ指摘しなければならないのは，潜在的な高齢化問題の存在である。一人っ子政策が導入されたのは1979年であり，すでに30年以上が経過している。その結果，中国，とりわけ都市部の人口構造は大きく変動している。国家統計局が発表した2010年国勢調査結果によれば，全国の65歳以上の高齢者の人口比率が8.9％に達し，2000年の前回調査に比して1.9ポイント上昇したという[2]。2015年には労働力人口が減少に転じるといった推計や，21世紀半ばには人口の３分の１が高齢者になるといった見方も有力である。

　また，物価や賃金といったマクロ経済動向にも注意が必要である。消費者物価指数（CPI）は，2008年下半期から金融危機によりいったん下落したが，2009年下半期から上昇に転じており，2012年まで前年同月比５％増前後を記録している。とくに食品物価の上昇率が高く，前年同月比10％を超えることもある。そうした中で賃金も上昇傾向にあり，例えば北京市は2011年１月１日より最低賃金標準を21％引き上げ，その他の省市でも2010年に最低賃金標準が12〜21％引き上げられた[3]。さらに，2011年４月には，北京市政府が外資系企業に対して最低賃金を中国企業の1.5倍以上に引き上げるよう指導を始めたという[4]。

　こうした中で，中国政府は，2010年10月から金融引き締めに動いている。さらに，国家発展改革委員会は2011年４月，外資系を含む国内企業に製品の値上げを控えるよう要請するという，より直接的な政策に打って出た。これ

を受けて消費財分野では，日用雑貨メーカーが値上げ計画を延期したり，加工食品大手メーカーが値上げを取りやめた[5]。

以上のような全般的状況の中で，小売業界はどのように動いているのであろうか。この点を明らかにするために，本稿では以下のような順序で議論を進める。まず，チェーン小売企業の全般的動向にかかわる基礎資料を確認する。そのうえで，食品分野に焦点を合わせてチェーン小売企業の経営状況と戦略について検討し，最後に現状の課題として供給企業との取引関係にかかわる問題，すなわちバイイング・パワー問題について展望する。

2　中国におけるチェーン小売企業の現状

（1）小売業全般の状況

中国の国内総生産（GDP）伸び率は，なお高水準にあるものの鈍化傾向にあり，2011年第4四半期に前年同期比8.9％増を記録したが，2012年には8％増を割り込んだ。そうした中で注目されるのは，GDP増加に対する消費の貢献率が投資を上回り，ここ10年で消費が初めて経済成長を牽引するトップの要素に躍り出たことである（商務部「2012年中国消費市場発展報告」）。

こうした消費の活発化は小売構造の変化をもたらし，それがまた消費を刺激することになる。そこで，この間の小売構造の変化を表1－1により概観してみよう。2010年の小売業の法人企業数は，2006年比で221％と倍以上に増加した。これ自体高い水準にあるといえるが，仕入高，売上高，期末在庫額の増加率はそれを上回る水準にある。ここから企業数増加と並行して企業規模拡大が進んでいることがわかる。また，仕入高のうち輸入高の増加率が著しく高く，売上高のうち輸出高の増加率が低水準にあることも注目される。ここから内需主導型経済への転換の一端が窺える。

次に，小売業態別の動向をおさえておこう。表1－2は，2010年時点の業態別にみた小売企業の基本状況である。いまだ伝統的な専業店・専門店が各指標とも高い構成比を示しているが，スーパーマーケットおよび大型スー

表1-1 小売業の全般的状況

(2012年10月現在1元＝12～13円)

	2006年	2007年	2008年	2009年	2010年	2010/2006 増加率
法人企業数	23663	26691	41503	42615	52306	221.0
従業員数（万人）	319.4	355.3	422.1	436.7	501.3	157.0
仕入高（億元）	19759.1	24080.1	31481.9	36194.2	48890.8	247.4
うち輸入高（億元）	282.7	405.3	464	608.8	1141.6	403.8
売上高（億元）	22460.5	27121	37969.6	43331.6	57514.6	256.1
うち輸出高（億元）	34.4	54.3	17.6	22.1	44.5	129.4
期末在庫額（億元）	1997	2543.3	3602.4	4175.7	5104.6	255.6
小売店舗面積（万m²）	12397.6	16091.1	19075.5	22727.9	26189.8	211.2

（注）2007年以前の統計範囲は「年商品売上」および「年末従業員数」に関する限定値以上の法人企業および産業活動単位，2008年以後は「年主要営業業務収入」に関する限定額以上の法人企業。
（出所）中国国家統計局（2012）『中国統計年鑑』に基づき作成。

パー（両者を区別するのは店舗面積で，前者は6,000m²未満，後者は6,000m²以上）が従業員数，店舗面積，売上高，仕入高で10％前後から20％前後を占め，業態として確固たる地位を築いていることが確認できる。

（2）チェーン小売企業の動向

チェーン小売企業の動向は，中国連鎖経営協会から毎年発表される上位100社のランキングをみることによって詳細を把握することができる。最新のランキング（2011年実績）は，2012年5月に発表された[6]。そのうち上位30社と主要な外資系チェーンを抜き出したのが，表1-3である。

全般的な特徴としてあげられるのは，第1に，上位100社の売上高合計が1兆6,500億元となり，昨年より減少したことである。第2に，この間1位，2位を占めてきた家電量販店チェーンの蘇寧電器と国美電器が，前年3位の百聯集団（スーパーマーケット等の聯華超市，コンビニエンスストアの快客，その他の好美家を傘下にもつ）に1位の座を奪われたことがあげられる。これらはいずれも，企業内部振替分の売上を除く，小売業務以外の売上

表1－2　業態別小売企業の基本状況（2010年）

（上段：実数，下段：構成比％）

小売業態	企業数	店舗数	従業員数（万人）	店舗面積（万m²）	売上高（億元）	仕入高（億元）
コンビニエンスストア	94	14202	7.5	107.2	246.6	224.6
ディスカウントストア	3	701	0.7	21.4	36.1	31.7
スーパーマーケット	400	32818	49.9	1924.5	2766.9	2311.9
大型スーパー	158	6322	38.6	1843.7	2919.1	2296.5
倉庫型会員店	7	272	1.2	54.4	171.8	155.4
百貨店	97	4239	25.0	1480.6	2671.5	2132.9
その他（専業店・専門店等）	1602	118238	102.2	7325.0	18573.3	16891.7
合計	2361	176792	225.2	12756.8	27385.4	24044.6
コンビニエンスストア	4.0	8.0	3.3	0.8	0.9	0.9
ディスカウントストア	0.1	0.4	0.3	0.2	0.1	0.1
スーパーマーケット	16.9	18.6	22.2	15.1	10.1	9.6
大型スーパー	6.7	3.6	17.2	14.5	10.7	9.6
倉庫型会員店	0.3	0.2	0.5	0.4	0.6	0.6
百貨店	4.1	2.4	11.1	11.6	9.8	8.9
その他（専業店・専門店等）	67.9	66.9	45.4	57.4	67.8	70.3
合計	100.0	100.0	100.0	100.0	100.0	100.0

（出所）中国国家統計局（2012）『中国統計年鑑』に基づき作成。

高を除くなどの集計方法の変更に起因する変動であり，新基準に基づいて比較すると，100社合計売上高は前年比20％超の伸びとなっているという。

　第3に，食品・日用品を品揃えの中心とするスーパー（スーパーマーケットおよび大型スーパー）を主に展開するチェーンに注目すると（表中の網掛け部分），広州を拠点とする華潤万家と，上海を拠点とする百聯集団の聯華超市という国内資本（内資）系が1位，2位を占めたが，それに続いて大潤発などを展開する康成投資（フランス系のオーシャンと台湾系資本の合弁），家楽福（カルフール），沃尔瑪（ウォルマート）と外資系が並んでい

る。さらに，北京を拠点とする物美，上海を拠点とする農工商超市，福建省発祥の永輝超市などの内資系をはさんで，特易購（テスコ），楽天瑪特（ロッテマート，韓国系），好又多（トラストマート，ウォルマートの傘下），欧尚（オーシャン）が続いている。なお，ウォルマートは傘下のトラストマートを加えると，カルフールを抜いて外資系2位の地位にある。日系は伊藤洋華堂（イトーヨーカ堂）が24位（全体では58位）に，永旺（イオン）が25位（同59位）にランクインしている。

　外資系が中国小売業に占めるウエイトは，この間ますます高まっており，2010年には上位100社の売上総額の18.3％（外資系の売上額合計3,036億元）であったシェアが，2011年には23.7％（同3,909億元）に上昇している。外資系の多くは主として大型スーパー（ハイパーマーケット）を展開しており，2010年にスーパー系上位100社の売上総額のうち外資系は43.6％を占めていたが，2011年にはさらに上昇し50.7％となった。今後，そのウエイトはさらに増大すると見込まれている。

表1－3　中国チェーンストア上位企業の売上高と店舗数（2011年実績）

順位	企業名	備考	売上高（万元）	店舗数（店）
1	百聯集団有限公司☆		11,820,757	5,604
(2)	うち：聯華超市股份有限公司		6,807,630	5,221
2	蘇寧電器股份有限公司[1]★	傘下にラオックス，マルエツと合弁	＊11,000,000	1,724
2	国美電器有限公司[2]★		＊11,000,000	1,737
4(1)	華潤万家有限公司★		8,270,000	3,977
	うち：蘇果超市有限公司★		3,300,800	2,001
5(3)	康成投資（中国）有限公司（大潤発）★	オーシャン（仏）との合弁	＊6,156,700	185
6	重慶商社（集団）有限公司★		4,780,262	325
	うち：重慶百貨大楼股份有限公司★		2,995,631	263
7(4)	家楽福（中国）管理諮詢服務有限公司★	カルフール（仏）	4,519,581	203

8	百勝餐飲集団中国事業部[3]★	KFC（米）	4,340,000	4,450
9(5)	沃爾瑪（中国）投資有限公司★	ウォルマート（米）	*4,300,000	271
10(6)	物美控股集団有限公司★		4,107,499	2,609
11	大商股份有限公司[4]★		*3,560,000	170
12	山東銀座商城股份有限公司★		3,067,037	93
13(7)	農工商超市（集団）有限公司★		3,024,551	3,374
14	江蘇五星電器有限公司（百思買）	ベストバイ（米）	2,748,330	279
15	海航商業控股有限公司★		2,340,000	468
16	宏図三胞高科技術有限公司		2,321,435	251
17	中百控股集団股份有限公司		2,305,342	838
	うち：武漢中百連鎖倉儲超市有限公司		1,468,969	203
18	石家庄北国人百集団有限責任公司★		2,187,276	133
19	武漢武商集団股份有限公司		*2,064,129	92
	うち：武漢武商量販連鎖有限公司		*1,070,940	85
20(8)	永輝超市股份有限公司		2,038,000	204
21	北京王府井百貨（集団）股份有限公司		2,009,393	25
22	長春欧亜集団股份有限公司		1,990,319	50
23	文峰大世界連鎖発展股份有限公司		1,945,371	990
24	利群集団股份有限公司		1,905,687	838
25	天虹商場股份有限公司		1,895,938	51
26(9)	特易購（TESCO）	テスコ（英）	*1,800,000	121
27	煙台市振華百貨集団股份有限公司[5]★		1,788,360	106
28(10)	新一佳超市有限公司		1,753,400	116
29	金鷹国際商貿集団（中国）有限公司		1,642,767	26
30	百盛商業集団有限公司		1,642,617	52
33(12)	楽天瑪特	ロッテマート（韓）	1,541,077	75
40(16)	好又多管理諮詢服務（上海）有限公司	トラストマート（ウォルマートの傘下）	*1,300,000	99

第1章　中国におけるチェーン小売企業の現状

41(17)	欧尚（中国）投資有限公司		オーシャン（仏）	1,269,626	45
58(24)	伊藤洋華堂		イトーヨーカ堂（日）	748,588	13
59(25)	永旺		イオン（日）	666,170	30
上位100社合計				165,073,982	55,407

(注) 1. 網掛けは主としてスーパー（スーパーマーケットおよび大型スーパー）を展開するチェーンであることを示している。
    2. 順位欄のカッコ内はスーパー系チェーンでの順位を示している。
(原注) 1. ★は中国連鎖経営協会の非会員企業であることを示している。
    2. ＊は概数であることを示している。
    3. 売上高は税込みで，直営店，加盟店，管理委託など小売企業のブランドを使用するすべてのチェーン店の小売販売額および卸売販売額の合計。
    4. 本ランキングにはコンビニエンスストアなどフランチャイズを主とする企業は含まれず，別途，フランチャイズチェーン上位100社ランキングが作成されている。
    5. 一部企業データに関する説明
      1) 蘇寧電器股份有限公司の売上高は税込みの上場企業の営業収入であり，税抜きの年度報告では9,388,864.4万元。
      2) 国美電器有限公司の売上高は税込みの上場企業の営業収入と非上場企業分のおおよその数値。
      3) 百勝餐飲集団中国事業部のデータには内モンゴル小肥羊餐飲連鎖有限公司のデータは含まない。
      4) 大商股份有限公司売上高は税込みの上場企業の営業収入。
      5) 煙台市振華百貨控股済南人民商場。
(出所) 中国連鎖経営協会『中国連鎖経営年鑑2011』に基づき作成。

（3）主要小売業態の経営状況

　チェーン小売企業上位100社ランキングの2011年実績を2010年のそれと比較すると，売上高，店舗数ともに増加率が低下していることがわかる。これは，不動産価格高騰による賃貸費用の上昇と，賃金上昇などによる人件費の上昇により，新規出店が抑えられたことに起因する面が強い。2010年には，契約更新などの影響で賃貸費用が平均30％上昇し，人件費が平均15％上昇したが，2011年にはこういった傾向がさらに強まったという。

　これらから店舗網の飽和化が進み，「出店すれば売れる時代は終わった」と評価されるようになっている[7]。そのため，百貨店やスーパーを中心に，他店との差異性を強化しようとする動き等が強まっている。この点は，次節であらためて述べる。

　次に，主要な小売業態の標準的な経営状況についてみていこう。**表1－4**

は，百貨店，大型スーパー，スーパーマーケット，コンビニエンスストアにおける標準店の経営指標をまとめたものである。なお，標準店の設定方法は同表の注に示すとおりであり，業態の中で比較的高いレベルの業績に位置づけられるという。

売場生産性および労働生産性をみると，意外なことに百貨店が最も高く，大型スーパー，スーパーマーケット，コンビニエンスストアの順になっていることが注目される。客単価については，百貨店が高く，コンビニエンスストアが低いのは当然として，大型スーパーとスーパーマーケットがほぼ同水準にあることが目を引く。これは，中国消費者が両業態を明確に使い分けているわけではないことに由来していよう（この点を含め消費者の店舗選択については第9章を参照）。

また，粗利益率については，コンビニエンスストアが相対的に高水準にある一方で，他の3業態が同水準で並んでいることが特徴として指摘できる。

表1－4　業態別チェーン小売企業の標準店の指標

	百貨店	大型スーパー	スーパーマーケット	コンビニエンスストア
店舗面積（㎡）	39,058	10,073	2,447	108
従業員数（人）	1,344	332	83	9.3
正社員数（人）	424	215	52	6.5
売上高（万元）	122,388	29,630	4,530	461
レジスター数（台）	52	39	8	1.7
売場生産性（万元／㎡）	3.13	2.94	1.85	4.27
労働生産性				
総従業員ベース（万元／人）	91	89	55	49
正社員ベース（万元／人）	289	138	88	71
客単価（元／客数）	385	78	62	16.4
粗利益率（％）	14	12.9	13	19.1

（注）数値は各業態の標準店の指標である。標準店は次の基準でサンプルを抽出し，その平均値を指標化している。①サンプルは各業態の平均値の前後約25％以内。②売上高が大幅に平均値を超過あるいは下回る店舗はサンプルから除外する。
（出所）中国連鎖経営協会『中国連鎖経営年鑑2011』に基づき作成。

3 スーパー業態の成長と転換

(1) スーパーの成長軌跡

　スーパーの店舗数と売上高の推移についてみてみよう。2003年から2011年までの変化は図１－１に示すとおりであり，伸び率に若干の変動はあるものの，同業態が長期的な成長傾向にあることがわかる。

　上位企業への集中度についてみると，上位10社で2008年には売上高約3,000億元，店舗数約14,500店に達し，売上高の６割強，店舗数の５割強を占めていた。それに対して，2010年には上位10社で売上高約3,900億元，店舗数約15,000店で，売上高の６割弱，店舗数の約４割，2011年には同じく約4,200億元，約14,000店で，55％，33％と，上位企業への集中度はこの間徐々に低下してきている。これは，各地で新興のチェーン小売企業が誕生・成長して

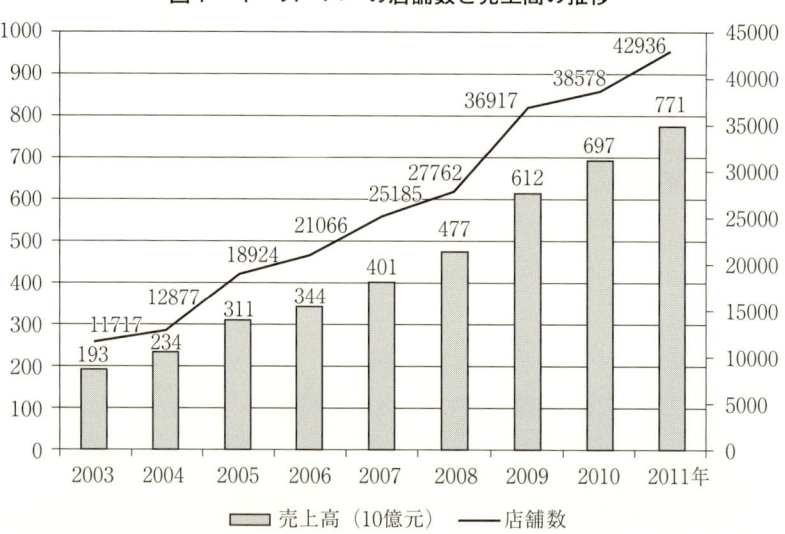

図１－１　スーパーの店舗数と売上高の推移

（出所）『中国連鎖経営年鑑』各年版に基づき作成。

いる一方で，上位チェーンが店舗網のスクラップ・アンド・ビルドによる再編成を進めていることを反映する変化といえる。

中国においてスーパーを展開している企業は，大きく次の3グループに類型化できる（それぞれのグループに属する企業の具体例については第3章から第5章を参照)[8]。

第1は外資系である。既述のように，主として店舗面積6,000㎡以上の大型スーパー（ハイパーマーケット）を展開し，すでに1級都市（北京，上海など大都市）への参入を成功させ，近年，2級都市（地方都市）への参入を積極化している。

第2は内資系広域スーパーで，そのほとんどは国営企業から民営企業への「転型」により成立した。多数の店舗とロイヤリティの高い顧客に支えられ，資本市場と各級政府の支持で豊富な資金力を有し，優秀な人材も多数抱えている。全国に分布し，とくに1級都市と2級都市に浸透している。

第3は内資系地域スーパーで，地方政府が出資する企業やもともと民営企業として発展したものからなる。資金と人材の制約により，地方市場の限られた商圏内で展開する傾向にある。第2，第3のグループともに，かつては標準型スーパーの展開を主としていたが，近年，成長性が高いハイパーマーケット業態の出店を強化する企業が増えている。

（2）成長戦略の転換

先に述べたように，チェーン小売企業は成長率の鈍化，競争激化という事態を前にして，成長の軸足を高級スーパー，コンビニエンスストア，専門店，ネット通販，ショッピングセンターへと移しつつある。また，出店地域についても，1級都市は店舗間競争が激しくすでに飽和状態になりつつあるため，地方の3級，4級都市にウエイトを置くようになってきている。

とりわけ注目されるのは，新規出店計画における重点を，大型ハイパーマーケットから中型スーパーマーケットへと転換する動きである。かつては外資系が先行しつつ内資系が追随するかたちで，ハイパーマーケットの出店競争が繰り広げられていたが，近年では各社が店舗閉鎖を含む店舗網の再編成に着手している。

これは店舗間競争の激化とともに，都市化の進展による中間層の増大や，"80后"および"90后"の台頭などによる消費者ニーズの細分化を背景に，1店舗当たりの収益性が下落していることによる。そこで各社は投資リスクを低減させ，細分化した消費者ニーズに対応させるため，輸入品に重点を置く高級タイプや生鮮強化タイプをはじめとして，いくつかのタイプの中型スーパーの出店に重点を置くようになってきている。

(3) 業態タイプ転換の事例

新たな業態タイプへの転換の試みとして，以下のような事例があげられる。

内資系チェーン北京超市発双楡樹店の例：すでに成熟化した店舗であったが，調査によって商圏内の消費者階層やニーズが大きく変化していることがわかったことから，高級スーパー業態への転換を決定した。とくに店舗の設計，商品構成を新たな市場ニーズに合わせて見直すことで，1年で売上を30％以上増加させることができた[9]。また，店舗周辺に大学がいくつかあることから，スターバックスコーヒーを導入し，店舗面積当たりの売上・利益の引き上げに成功したという。

ウォルマートの中型業態「恵選店」の失敗と再挑戦：数年前，新業態として1級都市の住宅地立地への中型店の出店に着手した。その特徴は，コンビニエンスストアより大きく標準的スーパーマーケットより小さい店舗面積300m^2で，食品と日用品中心の品揃えで低価格販売を行うというところにあった。しかし，この試みは出店地域での競争の激しさから失敗した。同社ではこれを教訓化し，不動産賃貸料や人件費が安く，商圏人口が少ないという特徴がある3級，4級都市への進出を強化するにあたっての，投資リスクの低い出店方式として，あらためて中型店を軸にした出店戦略をとりつつある[10]。

その他，香港資本の百佳超市やタイ系の卜蜂蓮花（ロータス），内資系の迪亜天天なども中型スーパーの出店を強化しつつある[11]。

4 供給企業との取引関係をめぐる問題

（1）バイイング・パワー問題の深刻化

次に，急成長を遂げてきたチェーン小売企業の行動面の特徴について，供給企業との取引関係に焦点を合わせてみていこう。

チェーン小売企業が急速に店舗網を拡大し，大きな販売力を持つ一方で，供給企業の側は従来の計画経済のもとでは国営の配給機関に依存してきたため，独自の販売ネットワークを持つことがほとんどなかった。そのため，供給企業は小売企業の販売力に依存せざるを得ず，チェーン小売企業のバイイング・パワーはどんどん強力になっていった。

しかも，こうした力関係は，小売企業がチェーン・オペレーションをはじめとした経営管理能力を磨く以前から形成されていたため，多くの小売企業はそれらの高度化を図るよりも，力関係に安易に依拠した行動に頼りがちになり，自らに有利な取引条件等を供給企業に押しつける傾向にあった。その結果，2000年代前半には，相互に密接に関連する次の3つの取引慣行が横行するようになった。当時，そうした行為を律する独占禁止法等の公的規制は存在しなかったことから，それらは広範に普及，定着していった。

第1にあげられるのは，「入場費」ないし「進場費」に代表される多様な費用ないし手数料（チャネル・フィー）の徴収である。「入場費」は直接には商品の取り扱い手数料を意味しており，アメリカにおけるスロッティング・アローワンスに類似している[12]。しかし，中国において一般化している費用徴収は，そうした側面に限定されず，取引に関連して実にさまざまな名目で費用項目を設け，供給企業から徴収するというものである。こうした取引慣行は，カルフールが台湾経由で中国市場に参入するに際して「グローバル・ルール」と称して持ち込んだというのが定説であり，それが中国小売業界，とりわけ国営百貨店におけるもともとの場所貸し業的な体質にうまく馴染み，急速に広がったという[13]。

費用徴収の具体的な姿がどのようなものかを示しているのが，表1－5で

表1−5　小売企業による費用徴収の名目と金額・料率：広州市の事例

費用名目	金額ないし料率
店舗との取引開始費用	4000元〜数万元
新製品の陳列手数料	1店舗1商品当たり500元
新店オープン支援手数料	1店舗当たり1000元
店舗の周年記念支援手数料	1店舗当たり1000元
広告手数料	1店舗当たり1000元
店舗陳列手数料	1000元
短期プロモーション手数料	500元
祝賀行事手数料	
春節（旧止月）	1店舗当たり1000元
国家的祝祭日	1店舗当たり2000元
メイデー，中秋節，新暦正月，その他	1店舗当たり500元
コミッション手数料	毎月の精算額の3％
新店オープンの割引	新店オープンの月の精算時に精算額の3％
商品価格下落に対する補償手数料	毎月の精算額の0.5％

（出所）Yong（2007），pp.166-167に基づき作成。

ある。この事例は，乳製品分野において中国で生産規模2位に位置し，大きな交渉力をもつ製造企業が，広州のチェーン小売企業から徴収された費用をまとめたものである。

　こうした多様な費用は原則的に契約に基づいて徴収されるが，場合によっては契約外に突然請求されることもあるという。いずれにしても，チェーン小売企業は費用徴収によって最終的に利益を確保することが可能であることから，仕入れ原価を下回るような低価格販売を含めて，積極的に価格訴求型プロモーションを展開することになる。逆にいえば，小売企業はリスクを負いながら仕入れ価格と販売価格の差，つまり売買差益で利益を稼いでいるのではなく，ほぼリスク・フリーの状態で費用徴収によって利益を確保しているのである。

　それでは，徴収される費用の額はどの程度に達するのであろうか。Yong（2007）は次のような例を紹介している[14]。

深圳のある供給企業では，2001年にある小売企業から販売額の21％以上に相当する26万元の費用を課された。供給企業の粗利益率は営業費用16％を含めて約20％で，純利益率は一般に約3～4％という。この状態で小売企業から20％以上の費用を課されると，供給企業は利益を生み出すのが困難になり，損失を被ることもしばしばである。また，深圳において供給企業2,000社と取引をするある小売企業は，毎年少なくとも2億元の費用を供給企業に課している。しかも，その小売企業は供給企業に，費用収入に対する税を支払わないという趣旨の非公式の送り状を送付しているという。さらに，2001年の中国の小売企業500社の店舗営業にかかわる総利益は約6億元であったが，同年の費用徴収による利益は約36億元であったとの報告もある[15]。

　第2にあげられるのは，「覇王契約」と呼ばれるものである。これは，小売企業が自らの責任を軽減ないし免除し，供給業者にのみ負担を強いる契約書を，改定不可，交渉不可という姿勢で一方的に作成し押し付けるものである。代表的な契約条項として次のようなものがあげられる。品質責任は供給企業側のみが負う。仕入れ価格は小売側が一方的に決定する。目標達成リベートは目標に達しなくても供給企業は小売企業に全額支出する。小売企業からの商品の返品や交換は自由とする。供給企業側の契約違反には高額の違約金の支払い義務を負わせる。

　第3は，商品代金の支払い問題である。中国では，商品代金の支払いは納入後60日後に設定されるのが一般的だが，それが期日になっても支払われず延期されたり，場合によっては踏み倒されたりすることがあるという問題である。よくあるケースの1としてあげられるのは，支払い時期がくると帳簿上のトラブルなどを理由に代金支払いの延期が一方的に通告されるというものである[16]。

（2）2006年「公正取引管理弁法」の制定とその限界

　以上のような，大規模チェーン小売企業のバイイング・パワーに基づく取引慣行の横行が社会問題ともなったことから，中国商務部（「部」は日本の「省」に相当）は，当時，制定作業を進めていた「反独占法（独占禁止法）」とは別の枠組みの独自規制として「小売業者・供給業者公正取引管理弁法」

を策定した。同弁法は，国家発展改革委員会（発展改革委，国務院の直属機関の1つ），公安部，税務総局，国家工商行政管理総局（工商総局，国務院の直属機関の1つ）の同意のもと，同年2006年11月15日施行された[17]。

本弁法の目的は，小売業者と納入業者との取引行為を規範化し，公平な取引秩序を守り，消費者の合法的権益を保障することにある。対象とする小売業者は，年間売上高1,000万元以上の企業等であり，納入業者とは，小売業者に直接商品および相応するサービスを提供する製造業，代理店，その他仲介業者を含めた企業等を指す。

本弁法の詳細については別に紹介・検討したので[18]，ここではその効果と限界について確認しておこう。弁法制定の効果としてあげられるのは，徴収する費用について契約書に明文化する動きが進んだ点である。ただしその反面で，小売企業が供給企業に対して自主的な寄付という名目で費用を納めるよう要請するといったグレー・ゾーンの行為も出現した。また，徴収項目を販促サービス費などの名目に簡素化，包括化するケースが増えるとともに，従来，小売企業が供給企業共通に提示してきた費用項目を供給企業ごとに提示し個別に交渉する方式への転換が進んだ。

以上の結果，徴収金額はむしろ高額化し，上海商況情報センターの調査によれば，小売企業が徴収する費用は，供給企業の販売総額の8～30％，最大で40％に上ったという（スーパーやコンビニエンスストアでは通常5～25％）。さらに，費用徴収する小売業態の拡大も進んだ[19]。

こうした状況がもたらされたのは，弁法という立法レベルに関連している。すなわち，弁法レベルでは処罰力に限界があり（罰金は3万元が上限），小売企業の店舗開設に特別の条件を定めるような参入規制を設けることも，小売企業に対して供給企業向けに財務情報等の開示を義務付けることもできないことから，もともと実施効果に限界があったのである。しかも，本弁法の運用が，強力な地方組織を有する工商総局や税務総局ではなく，地方に実務を担う人材がいない商務部中心に行われていることから，違反行為の摘発も十分行えなかった。

（3）バイイング・パワー規制の強化

　このような立法上の問題をクリアするために，商務部では弁法の条例への格上げを模索してきた。ここで条例とは，国務院すなわち政府（内閣）レベルの規則であり，わが国の政令に相当する。2009年9月にはその草案も発表している[20]。

　なお，2008年8月には独占禁止法が施行されているが，商務部はあくまで別のルールの策定にこだわった。というのは，中国の独占禁止法でバイイング・パワー問題に対処しうる規定としてはEC競争法に類似する「市場支配的地位の濫用」という規定があるが，「市場支配的地位の濫用」をどのような基準でどう認定するかという問題がある。この認定基準の明確化自体が遅れているが（2012年10月現在），もし明確な基準が策定されたとしても，実際の行為を機動的に規制するのは難しいとの判断があるからという[21]。

　だが，条例化は簡単には進まず，一時その動きは停滞したが，2011年に入って商務部の動きがまた活発化してきた。すなわち，商務部は同年2月，小売企業の業界団体と共同で，製造企業と大規模チェーン小売企業との取引関係，とりわけ入場費をめぐる両者の対立関係を緩和させるために，契約内容に関する規定「零供購銷合同規範」を起草すると発表した。直接のきっかけとなったのは，中糧，康師傅，三九油脂などの製造企業がカルフールの各種の項目費用の徴収に対抗するためにとった出荷停止の措置であり，商務部はこの事件に強い関心を示し，事態改善に向け積極的に取り組む姿勢を鮮明にした[22]。また，カルフールやウォルマートの店頭における「価格詐欺」による摘発や[23]，ウォルマートの品質管理問題での摘発などが相次いだ[24]。

　さらに，2011年12月19日，商務部は発展改革委，公安部，税務総局，工商総局とともに，国務院の許可に基づいて「大規模小売企業の供給企業への不正な費用徴収行為の整理整頓に関する工作方案」を全国の関係機関に通知した[25]。これは，既定の法律・法規・規定等に基づいて，不正な費用徴収行為を集中的に取り締まるもので，企業側からの自己申告を受けて関係する行政機関が共同調査を実施し，問題が発見されればそれを公開するとともに改善を求め，さらに必要な法整備につなげることを目指している。実施期間は当

初2012年6月末までとされていたが,9月末までに延長されている[26]。

商務部による中間段階での発表によれば,「整理整頓」の対象とされた企業は76社あり,うち71社は小売企業が自ら申告し,不正徴収費用の金額は1億7,700万元に達した。このうち,33社に販促サービス費徴収の問題があり(1億2,500万元),44社に不正な費用徴収の問題があり(5,200万元),55社に費用徴収項目表記の問題が指摘された。これらに対して,一部の企業は是正措置をとり,徴収した不正費用を供給企業に返却することとなった(6,100万元余り)[27]。

こうした「整理整頓」によって,不適切な費用徴収が減少したかというと,現実は必ずしもそうなっていない。例えば,大手乳業メーカーによると,チェーン小売企業の多くが,従来のようにチラシ費,ポスター費,陳列費などの個別費目を設けるのではなく,それらを一括し「販促サービス費」として徴収するようになっているという。その結果,かつては販促サービス費が売上高に占める比率は5%前後であったが,最近では4倍の15〜20%を占めるに至っている[28]。また,費用徴収に便乗して,仕入れ担当者(バイヤー)が賄賂を受け取ることも少なくない。例えば,商品が初めてあるチェーン小売企業で販売される場合,費用徴収の金額は少ないときは5〜6万元,多いときは100万元に達するが,そのうち約半分が仕入れ担当者個人の懐に入ることがあるという[29]。

「整理整頓」後の商務部等の政府による条例化等の対応が注目されるところである。

5 おわりに

以上,本章では,急成長著しいチェーン小売企業全般の動向を基礎的資料で確認したうえで,スーパー業態に焦点を合わせて経営状況や戦略を検討し,最後に供給企業との取引関係にかかわるバイイング・パワー問題について検討してきた。

検討の結果,一方で,中国のチェーン小売企業間の競争はますます激しくなっているが,依然として高い成長性を誇っていることが明らかになった。

しかし，中国チェーン小売企業の収益は，チェーン・オペレーションやサプライチェーン・マネジメントなどの経営モデルの卓越性に源泉があるというよりも，供給企業に対するバイイング・パワー行使に源泉があること，いいかえれば売買差益によって利益を上げているというよりも，入場費などの費用徴収によって利益を確保している面が強いことがわかった（この点については，第2章で詳しく論じられている。また，メーカー側からみた小売企業との取引関係については第6～第8章を参照)[30]。

こうした現状は，誰もがいいことだとは認めないが，なかなか改善することができないでいる「囚人のジレンマ」状況ということができる。しかし，そうした中でも，費用徴収で利益を補填するような経営を続けるのではなく，生鮮食品の調達，品揃えを改善・強化することを軸に，真の意味でのチェーン小売企業の経営革新を実現しようとする動きが一部で形成されつつあるのも事実である。日本の製造企業や商社・卸売企業，小売企業にとってのビジネスチャンスという意味では，そうした動きと連携し，日本製品や生鮮品，総菜類の品揃えや，店づくり，売場づくりなどで協力しながら事業機会を獲得，拡大していくことが考えられよう。

（渡辺達朗）

＊本研究は，平成24年度専修大学研究助成（個別研究）「中国における内資系スーパーマーケット企業の行動と流通政策」の成果の一部である。

1）「中華工商時報」2012年3月23日による。
2）「日本経済新聞」2011年4月29日による。
3）日本貿易振興機構（JETRO）「ジェトロ・チャイナモニター」第104号，2011年4月25日による。
4）「日本経済新聞」2011年4月7日による。外資企業にとっては経営圧迫要因となることから「外資に対する差別だ」との反発も出ているが，北京市政府は「強制力を伴う規則ではない」と釈明しているという。
5）「日本経済新聞」2011年4月5日による。その後，ユニリーバは消費者の値上げ観測を煽ったとして，国家発展改革委員会から200万元の罰金を科された（「日本経済新聞」2011年5月6日による）。
6）以下は「2011『百強』」『中国商報』2012年5月11日による。なお，本ランキングは中

国連鎖経営協会が中国全土のチェーン小売企業（内資および外資）を対象に実施した調査に基づいており、調査のカバー率は高い。
7) 同上。
8) 『中国連鎖経営年鑑2010』および同年鑑の執筆者の一人でもある顧国建教授（上海商学院）からのヒヤリングによる。
9) 「2011『百強』」『中国商報』2012年5月11日による。
10) 『中国連鎖』2012年6月による。
11) 生鮮強化型の事例については，渡辺（2012a）を参照されたい。
12) アメリカのスロッティング・アローワンスについては，渡辺（2012b）を参照されたい。
13) 国営百貨店の経営との関連については，陳（2011）による。
14) Yong（2007），pp. 169-179による。
15) 後二者の原資料は，*The Southern Metropolis*, 17th September 2002。
16) 改革開放の初期段階から問題になっていた行為である。家電業界の事例（製造企業にとっての代金回収問題）は渡邉（2001）に詳しい。
17) 「弁法」とは部レベルの行政的規則であり，日本の省令に相当。商務部は，本弁法と合わせて，小売業者の消費者向け販売促進活動を対象にした「小売業者の販売促進行為管理弁法」を策定した。
18) 渡辺（2008）；（2011）を参照されたい。
19) 以上は，2009年9月訪問時に中国商務部が提示した資料による。
20) 草案の内容については，渡辺（2010）を参照されたい。
21) 2009年9月の商務部からのヒヤリングによる。
22) 同年2月17日の記者会見において，商務部のスポークスマンである姚堅は次のようなことを指摘したという。大規模チェーン小売企業による高額の「入場費」の徴収は間接に物価の上昇をもたらした。カルフールの「入場費」問題の背後には，中国の製造企業とサービス業の発達の遅れによって，納入企業が大規模チェーン小売企業に依存してしまっているという問題がある（「商務部正起草零供購銷合同規範化解進場費矛盾」『北京晨報』2011年02月18日による）。
23) カルフールについては，「派遣切り」の横行に対して新聞や雑誌等が批判的記事を掲載している点にも注意が必要である。例えば，「家楽福"隠蔽用工"探秘」『新世紀』2011年1月17日。
24) 渡辺（2012c）を参照されたい。
25) 商秩発（2011）485号。
26) 「商務部通報清理整頓違規収費工作進展」『法制網』（http://www.legaldaily.com.cn/）による。
27) 2012年6月26日商務部の定例記者会見において沈丹陽報道官が発表（『法制網』2012年6月26日による）。
28) 「零售商乱収費仍有空可鉆　或首退違規収費」『北京商報』2012年6月27日による。

29)「商務部重拳整頓零售商違規収費」『新快報』2012年4月7日による。
30) 陳（2009）；（2011）を参照。

参考文献

陳立平（2009）「小売業"食利型経営模式"」『連采通論』。
陳立平（2011）「中国の大規模小売企業における「連営制」の生成と展開—百貨店業態を中心に—」（渡辺達朗監訳，李雪訳）『流通情報』第493号（43巻4号）。
李雪・渡辺達朗（2011）「中国における飲料製造企業のチャネル戦略—娃哈哈（ワハハ）グループの事例—」『流通情報』第490号（43巻1号）。
渡辺達朗（2008）「中国における市場流通関連法体系の整備—動向と展望—」『流通情報』第466号。
渡辺達朗（2010）「中国における大規模小売業者のバイイング・パワー規制—『不公正取引』規制をめぐる動向を中心に—」『流通情報』第484号（42巻1号）。
渡辺達朗（2011）「中国食品小売業のダイナミズム—チェーン小売企業の動向とバイイング・パワー問題を中心に—」『流通情報』第490号（43巻1号）。
渡辺達朗（2012a）「中国・内資系小売企業における「農超対接」の取り組み—大規模小売と農業生産者との直接取引等のための連携—」『流通情報』第496号（44巻1号）。
渡辺達朗（2012b）「アメリカにおける価格差別と購買力濫用に対する規制—ロビンソン・パットマン法の実効性をめぐって—」『流通情報』第498号（44巻3号）。
渡辺達朗（2012c）「中国におけるハイパーマーケットの競争構造—事例研究と消費者調査に基づく組織能力の分析—」『季刊マーケティングジャーナル』125号。
渡邉真理子（2001）「中国家電企業のビジネスモデル」『アジ研ワールド・トレンド』3月号。
Yong Zhen (2007) *Globalization and the Chinese Retailing Revolution : Competing in the World's Largest Emerging Market*, Chandos Publishing, Oxford, England.

中国におけるチェーン小売企業の「入場費」問題： 第2章

その進行過程および規制を中心に

1 はじめに

　1990年代中盤以降，欧米などの外資系大型スーパー（ハイパーマーケット，スーパーセンター等）が次々と中国市場に進出する中で，「通道費」という言葉が学術界や流通業界で広く使われるようになった。2000年頃から，スーパーマーケットおよび大型スーパー業態が中国市場で急速に発展するにつれて，小売企業とサプライヤーとの対立関係が激化してきた。一部のサプライヤーは通道費を「入場費」もしくは「進場費」と呼ぶようになり，新聞メディアは報道を通じてこれらの言葉を今日の中国流通業界における最重要キーワードの1つとするようになった。

　中国における入場費問題は，欧米の大規模小売企業の取引慣行から生じたものといえるが，導入されてからすでに20年を経た現在においては，欧米の学術界や流通業界で理解されている意味を超えて，「入場費」をベースとした収益モデルへと進化している。そこで本章では，中国における「入場費」問題の基本的特徴を確認したうえで，入場費の形成と制度化の変遷過程，および入場費問題に関する従来の規制の方向について検討し，最後に今後の規制のあり方について展望する。

2 中国における「入場費」問題の基本的特徴

(1)「スロッティング・アローワンス」の導入と格上げ

　1990年代中頃,中国に導入された「通道費」とは,スロッティング・アローワンス(slotting allowance)のことを指しており,最初に導入したのはアメリカの大型スーパーやスーパーマーケットのチェーン小売企業であるといわれる。

　1970年代以降,企業規模の拡大や情報通信システムの導入に伴って,大型スーパー等はサプライヤーから多額の費用を徴収するようになった。当時,新商品が次々と発売されるようになってきており,その入荷や陳列に際して,コンピュータ要員がコードを再編集する必要であったことから,主として商品情報の編集と修正の費用としてスロッティング・アローワンスの徴収が始められた。つまり,サプライヤーにとってスロッティング・アローワンスは,その導入初期においては,主に新商品の在庫管理や陳列,ディスプレーおよび関連の販売促進などのための費用であった。

　しかし,1980年代以降,市場競争が激化するにつれて,欧米の大型スーパー等のスロッティング・アローワンスの徴収対象は,新商品の枠を超えて,特売や販促広告,売上最低保証・控除および派遣店員などの領域までに拡大した。また,商品部門も初期には加工食品や日用雑貨に限られたが,タバコ,酒類,飲料,衣料品,雑誌,医薬品などに拡大していった。

　このようにスロッティング・アローワンスが「格上げ」された理由は主に2つの側面から考えられる。第1に,市場競争が激化する中で,食品や日用品を中心とした製品開発のスピードが加速し,新商品が続出したことがあげられる。新商品の販売は比較的大きなリスクが伴うため,大型スーパー等がサプライヤーに要求するスロッティング・アローワンスの額も急激に増加した。第2に,大型スーパーや専門量販店などの大規模小売企業が急速に成長し巨大なバイイングパワーを持つようになり,サプライヤーに対する交渉力が大きく高まったことがあげられる。

1990年代初頭以降，スロッティング・アローワンスのような取引慣行の問題性について，さまざまな検討が国際的に行われてきた。2001年2月20日，アメリカ連邦取引委員会（FTC）は，大型スーパー・チェーンがサプライヤーからスロッティング・アローワンスを徴収する行為に関する調査報告の中で，スロッティング・アローワンスを「メーカーあるいはサプライヤーが小売企業の陳列棚で新商品を販売するために，事前に一回限り小売企業に支払う各種の費用」と定義している。また，2003年の報告書では，サプライヤーから徴収する「不定期的な費用と金銭以外の各種サービス」という項目が従来の定義に追加された。一方，学術界においては，Sudhir（2005）がスロッティング・アローワンスを「サプライヤーが小売企業に新商品の仕入れ，在庫管理，販売を行ってもらうために，一回限りで小売企業に支払う費用」と定義している。

（2）「入場費」の特徴

　中国では，2000年以降，スーパーマーケット等のチェーン小売企業とサプライヤーとの対立関係がますます激化する中で，通道費もしくは入場費の問題が学術界で注目されるようになった。顧（2003）は，入場費を「サプライヤーが自らの商品をスーパーマーケット・チェーンの売場で陳列するために，事前に一回限りで支払う費用，もしくはスーパーマーケット側が売上代金から差し引いた費用」と定義している。童（2007）は，狭義と広義の2つの側面から入場費を定義している。狭義の入場費は「サプライヤーが小売企業の売場スペースの使用権を獲得するために支払う費用」であるのに対し，広義の入場費は小売向け販売促進費であり，サプライヤーが小売企業の販売チャネルを使用する際に取引価格以外に支払う各種の費用，または費用形式以外の割引のことを指すという。劉（2008）は，入場費を「小売企業がサプライヤーの商品を仕入れ，在庫管理し，販売するために，能動的もしくは受動的に小売企業に支払うすべての費用」と考えている。

　このように，中国の多くの学者は，入場費を基本的に欧米のスロッティング・アローワンスに類似するものとして定義すると同時に，次のような異なる特徴を有すると指摘している。

第1に，中国のチェーン小売企業がサプライヤーから徴収する入場費は，欧米のスロッティング・アローワンスの範疇を大きく超過しているという点である。つまり，入場費徴収の対象には，新商品に限らず，すでに市場に定着している成熟商品の大半も含まれるからである。劉（2008）では，中国の入場費には，基本的に商品の売上高に関連する通道費と，それとは無関係な通道費とがあると指摘されている。商品の売上高に関連する通道費とは，あらかじめ一回限りで徴収される費用，新商品に関するバーコード費や入場費（狭義）などと，成熟商品に関する陳列棚費，エンド陳列費などが含まれる。また，販促にかかわる通道費として，新商品の売上保証費，成熟商品の販促費や割引販促費，またこれらに関する売上リベートなどがある。一方，商品の売上高とは無関係な通道費には，祝祭日費，開店周年記念費，新店開業費，契約更新費などが含まれる。

第2にあげられるのは，徴収される費用の高額性と煩雑性である。多くの調査ですでに明らかにされているように，チェーン小売企業との取引を希望するメーカーあるいは代理商は多種多様な費用を支払わなければならない。

①狭義の入場費については，大型スーパーの場合1店舗当たり3～5万元，標準型のスーパーマーケットの場合1店舗当たり5,000～1万元の支払いが求められる。②国内外の祝祭日費については，祝祭日宣伝費1～6万元に加えて，祝祭日陳列費が各ブランドの実際の状況に応じて，6つの重要な祭日で各回1～3万元の支払いが求められる。ただ，大量陳列が必要な場合，1回約3万元の支払いが必要になる。③バーコード費については，1品目1店舗当たり1つのバーコードで1,000元の費用がかかる。例えば，5つの品目の商品を同じ小売企業の10店舗の売場に陳列する場合，最低5万元を支払う必要がある。これらの費用のほか，売上最低保証，売上リベートなどさまざまな費用があり，さまざまな名目を付けて費用が徴収されることが少なくない。

第3に，費用徴収の恣意性と不透明性があげられる。中国のスーパーマーケットの入場費は，基本的に事前徴収と事後差引のかたちで徴収される。とくに，費用の事後差引において，契約外でサプライヤーの売上代金から恣意的に費用を差し引くことが多く発生している。近年，小売企業とサプライ

ヤーとの対立関係が激化しているが，その主要な原因がここにある。

　第4に，長い支払サイトがあげられる。現在，中国ではチェーン小売企業がサプライヤーへの売上代金の支払いを遅らせる問題が広く観察される。支払サイトはブランドによって異なるが，短くても30〜60日，長い場合100〜120日に及ぶ。また，一部の小売企業は，支払期限が近づいた段階で，サプライヤーに対して「事前準備金」を徴収することもある。この費用は，サプライヤーに提供される税金受領書に一定の比率（一般的には3％）を乗じて算出される。

　ここで注意すべきは，中国のチェーン小売企業の入場費と欧米のスロッティング・アローワンスとの最大の相違点が，サプライヤーから徴収した費用の多寡や項目ではなく，費用徴収それ自体の目的と性格にあることである。欧米のチェーン小売企業の多くがスロティング・アローワンスを徴収する目的は，オペレーション・コストを引き下げるためであり，経営リスクを転嫁することによって，不平等な競争を実現させることにある。

　一方，中国のチェーン小売企業の場合，徴収した入場費は主要な利益源となっている。現在，外資系や内資系に限らず，大多数のチェーン小売企業はサプライヤーからの費用徴収をベースとした収益モデルを採用している。調査によれば，現在，外資系小売企業の利益の50％以上がサプライヤーから徴収した各種の費用によるものであり，内資系企業のそれは70％以上となっている。つまり，中国のチェーン小売企業の入場費問題は，単なる通道費だけの問題ではなく，入場費をコアとした収益モデルの問題，あるいは経営体質の問題といえる。

3　入場費の形成と制度化の変遷過程

(1) 中国小売市場の開放

　中国におけるスーパーマーケット・チェーンの入場費問題は，1990年代初期以降小売市場の開放や外資導入に伴って形成されており，その背後には複雑な経済的社会的環境要因があった。

1980年代の一連の流通体制の改革を経て，中国政府は1990年代初頭から流通や市場の開放を徐々に加速させた。1992年7月，国務院は実験段階を経て深圳，珠海，汕頭，アモイ，海南の5つの経済特区と北京，上海，天津，大連，青島，広州の6つの沿岸大都市を小売市場として徐々に外資系企業に開放した。1992年，国務院の認可により，日本のヤオハンは上海第一百貨商場との合弁契約により「上海新世紀商廈」を設立し，同社が市場開放以降の中国の第1号の合弁小売企業となった。

　また，1994年以降，国務院はスーパーマーケット・チェーンの普及を流通体制改革の一環として強化し始めた。1995年，当時の国内貿易部は『全国連鎖経営発展計画』を公布し，全国35の都市をチェーンストア経営の実験都市とした。同年10月，国務院は2つの合弁の条件，すなわち中国側の出資比率が51％以上，合弁契約が30年以内を設定し，北京と上海で2社の合弁スーパーマーケット・チェーンを実験企業として設立することとした。これによって同年，国務院の認可を受け日本のイトーヨーカ堂やドイツのメトロが，中国市場への進出を果たした最初の外資系小売企業となった。

　このように中国の小売市場の開放が進む中で，欧・米・日など先進国・地域のグローバル小売企業や香港・台湾・東南アジアの華僑資本が，さまざまな戦略を用いて早い段階での巨大市場への参入を虎視眈々と狙っていた。カルフールは1994年に当時の「中創商業管理公司」との合弁によって，「北京家創商業管理服務公司」を設立した後，1995年12月に委託管理という名目で北京に「創益佳商城」を開設した。ほぼ同じ時期に，カルフールは上海華聯との合弁を行い，上海で「家楽福曲陽店」をオープンし，中国大陸での急速な拡大の幕を開けた。

（2）カルフールの「低コスト・高収益」の経営モデル

　カルフールは，1980年代中頃から中国市場への進出を計画していた。しかし，1983年に国務院が公布した『中外合弁企業法実施条例』において，外資系企業は小売，卸および貿易業務に従事することが原則的に禁じられていた。そのため，カルフールは1980年代後半から，すでに開放されていた台湾市場への進出を計画し始めた。台湾進出を中国大陸進出の試験段階と位置づ

け，同一言語・同種文化という構造的優位性を活かして，大陸市場進出のための経験や人材を蓄積することを目指した。

　1987年，カルフールは台湾食品大手の統一集団と合弁会社を設立し，1989年に台湾第1号店をオープンした。当時の台湾の小売企業やメーカーの小規模性や分散性を背景にして，カルフールは1989年から1992年までの4年間で先発者の優位性を確立させた。それは一言でいえば「低コスト・高収益」モデルである。

　このモデルは，具体的には以下の3つの特徴を持っていた。第1に，新たにハイパーマーケット業態を導入し，新興の富裕層向けにワンストップショッピングの買物環境を提供し，彼らのニーズにうまく対応した。第2に，小売市場における自らの優越的地位に基づいて，中小のサプライヤーから新店開設費，祝祭日費，各種の販促費，バーコード費などさまざまな費用を徴収し，また支払サイトを長期化させた。第3に，徹底的な店舗分権制を導入し，商品調達，店舗運営，人事管理といったマネジメントの権限を店舗に委譲し，本部が各店舗の経営業績を厳しくチェックする体制を取り入れた。上述の3つの側面での経験は，その後中国大陸への進出において重要な役割を果たした。

　1994年，中国小売市場の開放の進展に伴い，カルフールは台湾のマネジメント・チームを中心に中国市場での大規模展開を開始した。1995年から2000年までの5年間で，カルフールは地方政府との合弁または単独資本のかたちをとることによって，中央政府のコントロールを避けながら，中国全土で24店舗のハイパーマーケットを展開した。これによって，中国の小売市場で「低コスト・高収益」の競争優位を築き始めた。この競争優位は，台湾モデルをベースに，中国大陸の政治・経済・社会環境に合わせて形成したものであり，具体的に以下の3つの側面が含まれる。

　第1に，新たな業態により先発者優位を築いたことである。カルフールは，そのグローバル展開の豊富な経験から，新興国市場の拡大における先発者優位を学んでいた。そのため，中国市場に進出した後，小売業全般の零細性，分散性に対し，ハイパーマーケットという新たな業態を導入した。台湾進出の当初と同様に，カルフールはハイパーマーケット業態，また小売企業

としての高いブランド力によって，中国の小売業界や消費者の間でセンセーションを巻き起こし，リーダー的地位を確立した。

　第2に，低コストでの出店による優位性である。1990年代中盤以降，カルフールは上述のような先発者優位性を低コストでの出店を武器として，外資導入を業績評価の基本とする地方政府の考えや商業不動産の供給増を利用し，短期間にきわめて低いコストで，場合によってはコストゼロで店舗網拡大を実現した。

　第3に，入場費をベースとした低コストの商品調達システムの構築である。中国市場に進出した当初，食品や日用品のサプライヤーの小規模性，分散性，ブランド力の弱小性を背景としつつ，メーカーがカルフールとの取引によりいち早く市場シェアを拡大し，ブランドの影響力を高めようという思いを利用して，カルフールは台湾で確立した「入場費システム」を導入した。これが当時のメーカーやサプライヤーに受け入れられた。これ以降，後発小売企業との価格競争が激化する一方，サプライヤーが大幅に増加するにつれて，店舗分権制の下にあったカルフールの各店舗は，チェーン本部からの経営業績向上の圧力から，入場費の種類や金額を絶えず拡大した。その結果，徴収項目は一時70以上に達した。

　カルフールが中国の小売市場で確立した「入場費システム」は，主に次の4つの部分から成る。第1は，「フロント・マージンとバック・マージン」の費用システムである。フロント・マージンとは，新製品や成熟商品を問わず，最低販売目標を設定した後に固定率で控除する方式，業界では「保底倒扣」と呼ばれる方式である。取り扱う品目数が多いため，店舗側は商品の種類やブランドのランクなどにより，サプライヤーと個別に交渉を行い，8～15％の控除率を設定する。他方，バック・マージンとは，カルフールがサプライヤーから徴収する新店開設費，祝祭日費，バーコード費，ポスター費，販促費，島陳列費，陳列棚費，エンド陳列費および契約費，管理費などの費用を指す。これらの費用は基本的に商品売上高の20～25％を占める。これらフロント・マージンとバック・マージンを合わせると，商品売上高の約40～45％を占めることになる。このほか，店舗分権制により店舗に過度な権限移譲を行っていることから，店舗のマネジメント層による強引な費用支払い要

請やサプライヤーの賄賂問題も多発している。このような「グレーな費用」については、確実な調査データがないが、相当な比率を占めていると断言することができる。

第2は、長い支払サイトである。カルフールは中国市場に進出した後、新規出店のために、サプライヤーのブランドのランクに応じて、短い場合30～60日間、長い場合90～120日間以上といった異なる支払サイトを設けた。こうして手に入れたキャッシュフローを新規出店の費用に回す一方、店舗数の増加に伴って、サプライヤーに対しより高い入場費を徴収することができた。

第3は、サプライヤーへの物流コストの転嫁である。中国市場に進出した当初、カルフールは低コストでの店舗網拡大を図るために、自ら地域配送センターを設けず、その優越的地位を背景にしてサプライヤーに対し商品を直接店舗まで配送することを要求した。また、迅速な商品供給を実現するために、カルフールは苛酷な配送条件を設け、ほとんどすべての物流コストをサプライヤーに転嫁した。

第4は、低コストでの商品調達や店舗運営のほか、カルフールはその豊富な商品管理や販促力、情報管理のノウハウを活かし、低い出店コストと高い商品回転率を維持することができた。こうして、中国市場において低コストと高収益の運営体制が構築された。

以上のような制度設計に基づき、カルフールは迅速な店舗展開とともに、「低コスト・高収益」の経営モデルを確立した。このモデルは、これ以降中国のチェーン小売企業、さらには小売業全般の収益モデルの構築に重大な影響を与えることになった。

(3) カルフール経営モデルの成立の外部要因

中国市場において、カルフールの収益モデルが1990年後半に成立し、かつ発展し続けた理由は、以下の4つの側面から考えられる。

第1に、入場費が政府の関係部門に認められたことがあげられる。1990年代後半に、政府が小売業界におけるチェーン経営や流通近代化を大きく推進する中で、各級の政府主管部門は、一般的に入場費をチェーン経営の国際取

引慣習としてとらえていた。入場費制度が先進国および市場経済に存在する一般的現象であり，その導入は国際的な小売業経営方式に従うものであるというのが，当時の主流な考え方であった。

　第2に，1980年代の流通体制改革を経て，チェーン小売企業は1990年代後半に急速に発展した。そうした中で，政府は発展を優先し，市場秩序の形成と維持を後回しにした。その結果，中国の流通法体系の整備が遅れることになるとともに，市場開放の過程の中で法律が無視されることもあった。こうした問題も入場費を助長・氾濫させる主要な原因の1つとなった。

　第3に，中国の一般消費財分野では，メーカーの小規模性，分散性，ブランドの弱小性によって，中小メーカーの多くは欧米系の大規模小売企業の販売チャネルを通じて売上規模を拡大し，ブランドイメージを高めようという狙いを持っていた。こうしたことから，国内サプライヤーの多くは入場費方式に対し，理解あるいは支持する態度をとっていた。また，多くの中小メーカーは市場ポジショニングが曖昧で，流行を追いかけて生産することが多く，無名な零細ブランドが市場に多数混在し，製品の同質化現象が深刻化していた。さらにメーカー同士が入場費を競い合って提供するようになったことから，チェーン小売企業の入場費の上昇がもたらされた。

　第4に，1990年代後半の流通全体の近代化が相対的に遅れ，商品も比較的不足していた環境の中で，入場費の存在は商品の種類を増加させる効果もあった。また，チェーン小売企業が頻繁に販促セールを行ったことで，消費者は豊富な品揃えで，品質保証があり，価格が相対的に安い商品を購入することが可能になった。こうして，入場費は消費者の理解や支持も得ることができた。

（4）外資系小売企業におけるカルフール経営モデルの普及

　1990年代中盤以降，カルフールの入場費を中心とした「低コスト・高収益モデル」は，低コストでの拡大を狙うウォルマートなどの欧米企業，イトーヨーカ堂などの日系企業および香港・台湾系企業に模倣されていった。

　ウォルマートは1995年に中国事業部を設け，1996年8月に第1号のアメリカ型ハイパーマーケット（スーパーセンター）を深圳にオープンした。中国

に進出した初期，ウォルマートはアメリカ国内の商品調達コスト管理方式を中国に持ち込み，サプライヤーに対して入場費を含めた各種の費用徴収を禁じると宣言していた。その主な理由は，入場費を徴収すれば，サプライヤーは必然的にこれらの費用を販売価格に転嫁し，結果的に自社が標榜する"Every Day Low Price"の戦略が実現できなくなると考えたからである。そのため，アメリカ国内での展開と同様に，初期においてはメーカーとのパートナーシップを構築することにより，サプライヤーとともに発注，在庫管理，物流，配送，店頭販売まですべての過程においてコスト・コントロールを強化しようとした。それによって，商品販売価格を引き下げ，最終的に収益を上げることを目指していた。しかし，2001年以降，ウォルマートが全国展開を加速するのに伴って，商品調達のコスト管理で大きな課題にぶつかることになった。

　まず，1990年代末の時点で，チェーン小売企業の入場費徴収はすでに全国に普及していた。多くのサプライヤーが入場費を含む各種の費用を販売価格に転嫁した結果，商品の仕入れ価格と販売価格の差額（粗利益）が大幅に減少し，チェーン小売企業の多くはサプライヤーから徴収する各種の費用を収益源とする経営方式に変わった。こうした背景の中で，ウォルマートは製販連携を梃にしたメーカーとの徹底的な価格交渉が困難となった。それは，メーカーがウォルマートだけに最低価格の商品を提供するとなると，全国の価格体系を維持できなくなるからである。そのため，多くのメーカーはウォルマートの調達方式に対応できず，ウォルマートにとって大量仕入れによる低価格の実現も困難となった。

　次に，1990年代末，カルフールを中心とする外資系ハイパーマーケットは巨額の入場費を武器に熾烈な価格競争を繰り広げ，市場での競争優位を拡大し続けようとした。こうした中で，ウォルマートの多くの店舗は赤字が拡大し，厳しい経営状況に陥っていた。価格競争に対抗するために，店舗側から本部の入場費を徴収しないという規定に対する反発が相次いで表明されるようになった。このような内外の環境変化への対応に迫られたウォルマートは，2002年以降，店舗によるサプライヤーからの入場費を含めた各種の費用徴収を黙認するようになった。その結果2004年から，ウォルマートは中国市

場においてやっと損益を均衡させることができた。

1990年代中盤以降，イトーヨーカ堂やメトロなど他の外資系チェーン小売企業も類似の問題に直面した。彼らは最終的にウォルマートと同様に，こうした中国特有の商慣行を受け入れ，導入に踏み切った。このようにして，外資系チェーン小売企業に促進されて，チャネル関係の中で発生した入場費問題は，一種の制度的ビジネスモデルの問題へと変質していった。

（5）内資系小売企業におけるカルフール経営モデルの普及と進展

1995年，流通体制改革を強化する一環として，当時の国内貿易部は『全国連鎖経営発展計画』を公布し，中国におけるチェーンストア経営の大規模展開をスタートさせた。1995年時点で国内にはチェーン経営を行う企業の数はわずか150社であったが，1996年末には700社に急増した。また，店舗数は1995年の2,500店から1996年末には1万店以上に達した。政策的推進により，1980年代にすでに経営体制改革を行った国有副食店，野菜やコメなどの小売店も近代的チェーンストアへの業態転換に取り組んだ。しかし，こうした転換期において，国有企業または民営企業は，資金や人材，経営ノウハウの欠如といった問題に直面していた。

同じ時期，カルフールは中国小売市場におけるリーダー的地位を確立するにつれて，国内ではカルフール・モデルを学習し，さらに崇拝するブームが巻き起こった。国内のスーパーマーケット企業が急速な成長を遂げていく中で，カルフール内部の台湾出身のマネジメントスタッフや，後には一般従業員たちが次々と退職していった。彼らは，国内の他の企業に高賃金で雇われたり，自らコンサルティング会社を設立して，研修やコンサルティング業務，教材の出版を行い，カルフール・モデルを熱心に学ぼうとする国内の小売企業にそのノウハウを積極的に伝授した。

カルフールの入場費をコアとする低コストの拡大モデルは，当初から資金や技術が乏しく，しかしいち早く低コストで拡大しようとする国内小売企業に歓迎され，熱心に模倣されるようになった。1990年代中盤から，このモデルはまず国美や大中などの家電量販チェーンに導入され，大きな成果をもたらした。その後，食品のスーパーマーケット・チェーンもこのモデルを導入

した。店舗数の急速な増加と価格競争の激化に伴い，家賃収入ではなく，通道費および入場費を収益とするモデルに切り替えようとしたからである。

2002年以降，中国経済の急速な発展や自動車の普及および都市化の進展に伴って，ハイパーマーケット業態の経営ノウハウを徐々に蓄積してきた国内のスーパーマーケット・チェーンは，カルフールやウォルマートなどの外資系企業と熾烈な競争を繰り広げ始めた。厳しい価格競争が続き，スーパーマーケット・チェーンの利益率が低下する中で，国内のスーパーマーケット・チェーンも，その高まりつつあった優越的地位を利用し，サプライヤーから徴収する入場費の範囲や金額を増大させざるを得なかった。こうして最終的に，スーパーマーケット・チェーンにおいて，「フロント最低売上保証・控除＋バック入場費」といった収益モデルが確立されることになった。しかし，これ以降こういった経営モデルにより，一連の問題が引き起こされることになったのである。

4 入場費問題に関する従来の規制の方向

(1) 入場費問題の表面化

1990年代中盤，カルフールが入場費制度を中国の小売市場に導入した。当時の経済的社会的環境から見れば，入場費制度は中国のチェーン小売企業の急速な発展や小売業態の多様化を促進する重要な役割を果たした。また，同制度は間接的に一般消費財メーカーの製品革新や生産の合理化，ブランドづくりなどを促進した。つまり，当時の歴史的発展段階，および急速に変化する中国小売市場・業態という側面から考えると，チェーン小売企業における入場費制度は一定の合理性と必然性があったといえる。しかし，中国経済の急速な発展，とくにチェーン小売企業の入場費が流通チャネル内の問題から，一種の普遍的収益モデルへと変質したことで大きな問題を生じさせ，それが小売企業の経営や社会的責任の問題として顕在化していった。

2002年以降，中国のWTOへの加盟に伴って，カルフールやウォルマートをはじめとする外資系小売企業は新たな拡大競争を引き起こした。国内のチ

ェーン小売企業は外資系との競争に対抗し，各級の政府の支持を受け，大規模な展開を見せ，短期間で大規模化や競争力の強化を図ろうとした。こうした中で，内資系や外資系のチェーン小売企業はサプライヤーに対して，入場費を含めた金銭および金銭以外の各種の要求を急激に増加させた。その結果，小売企業とサプライヤーとの対立が激化する一方となった。

　2003年6月，恰恰や正林などの有名乾物メーカー10社は，カルフールによる多額の入場費要求に耐えられず，それに対抗するために乾物業界協会を立ち上げ，上海でカルフールと交渉を行った。両者の議論の争点は，取引における不平等な地位，徴収項目の不合理さ，徴収過程の不透明さなどである。乾物協会側は，カルフールが徴収した入場費が不合理なものであると主張したのに対し，カルフールは入場費の徴収が国際取引慣習に準ずるものであるとの主張を堅持した。最終的に，両者の交渉は決裂し，乾物協会加盟企業はカルフールとの取引を中止し，訴訟を起こした。

　2003年7月，中国造紙協会および生活用紙専業委員会は，傘下の40余りの国内外のメーカーを上海浦東に集め，上海乾物協会の動きに声援を送った。こうして，カルフールの入場費問題が初めて公にされることになった。これを契機にして，上海工商部門がカルフールなどの内資系・外資系ハイパーマーケットやスーパーマーケットの費用徴収問題に対し調査を行うこととなった。2003年，カルフール事件が明るみに出た後，サプライヤーによるチェーン小売企業に対する対抗活動が全国でみられるようになった。とりわけ，チェーン小売企業による乱雑な費用徴収や，理由なくサプライヤーへの売上代金支払いを遅らせる行為が抗議活動の焦点となった。こうして入場費問題は，メーカーと小売の取引関係の問題から社会的問題にまで拡大することとなった。

（2）入場費の行政的取締り：第1次取締りまで

　2002年に入場費問題が表面化した際，各級政府の主管部門は入場費問題を業界内の経済的紛争とみなし，対処しようとした。2002年，上海市工商局は『規範超市収費意見』を公布し，地方法規というかたちで，スーパーマーケットの通道費の徴収問題に対し，初めて専門的な規制を設けた。同意見の第

1条によれば,「スーパーマーケットの費用徴収とは,スーパーマーケットが商品の価格以外にサプライヤーから直接徴収したり,売上代金から差し引いたり,もしくはその他のかたちでサプライヤーが余計に負担する各種の費用のことである」と規定した。また,同意見は通道費の合理性を認めると同時に,明確に徴収可能な通道費の種類を列挙し,「スーパーマーケットは優越的地位を乱用し,サプライヤーに対し不公平あるいは不合理な規定を設けたり,事後あるいは契約外に恣意的にサプライヤーから費用を徴収してはならない」と規定した。一方,2005年北京市商務局と工商管理局は共同で『北京市商業小売企業仕入取引規範(試行)』を制定した。同規範の第9条では,「小売企業はその市場での優越的地位を利用し,不公平な(徴収)項目を設定してはならない」と規定している。

上海市や北京市が公布した地方法規によって,2002年以降に始まったスーパーマーケットへの規定は基本的に次のような特徴を持つ。第1に,両市はスーパーマーケットの費用徴収は一定の合理性を持ち,入場費の徴収を国際取引慣習の導入であるとみている。第2に,中国で発生した入場費問題は業界内部の経済的紛争であり,その主な要因はスーパーマーケットによる優越的地位の利用,サプライヤーとの契約の不公平さ,また契約範囲の超過による規則違反の費用徴収にある。そのため,2003年から2005年にかけて,各級の政府や協会はスーパーマーケットによる乱雑な費用徴収問題に対して,「契約の取締り」が必要と判断し,一連の「規範的契約」を打ち出した。この段階で契約の取締りから着手した理由は,主に入場費問題をめぐる当時の学術界での議論に大きく関係している。

2000年以降,サプライヤーと小売りとの対立の激化に伴い,入場費や通道費問題は学術界においても大いに議論された。当時,国内の多くの学者は,1970年代以降のアメリカにおけるサプライヤーと小売企業とのスロッティング・アローワンス問題に関する学術的争論に注目した。その結果,メーカーが新商品をスーパーマーケットで販売するために支払った費用が「反トラスト法」の諸規定に違反するか否かに関する,1995年から2003年までのFTCの判例を主な根拠として,中国のスーパーマーケットの通道費や入場費が国際取引慣習にふさわしいと結論づけたのである。1995年以降,FTC

と上院中小企業委員会は，食品や日用品のメーカーが大規模小売企業における新商品の販売のために支払った多額の費用の問題について，数回の公聴会を行った。さまざまな調査報告に基づいて，FTCは大規模小売企業によるスロッティング・アローワンスの徴収に対して疑問を投げかけると同時に，その徴収を違法と断定することは難しいと結論づけた。

　国内の学者たちは，こうしたFTCの結論を根拠として，日本やフランス，ドイツがこの問題に対してどのような規制を行っているかなどを研究せずに，中国のチェーン小売企業による費用徴収行為が国際取引慣習にふさわしいものであるという結論に至った。しかし，これはあまりにも単純で偏った視点であった。こういった学術界の主流の考え方の影響により，各級の政府は政策を制定する際，チェーン小売企業による入場費徴収は合理的であると考え，小売企業が契約不履行をしたり，あるいは契約範囲を超過して不合理な費用徴収することに問題の所在があるとして，初期の入場費への取締りの重点を「契約の取締り」に置くことになった。

　2003年以降，各級の主管部門は，チェーン小売企業とサプライヤーが結んだ仕入れ契約に対して，全面的な取締りを実施し始めた。しかし，多くの小売企業は「上に政策があれば，下に対策がある」といった考えのもと，政府の検査を避けるために「裏契約」を広く採用し始めた。裏契約とは，小売企業が政府の規定に準じた「表契約」をサプライヤーと結ぶ一方，費用徴収のために秘かにサプライヤーと結ぶもう1つの契約である。政府が検査する際には，表契約を提示するが，サプライヤーへの費用徴収は裏契約に従って実施する。こうした「裏契約」によって，入場費に対する地方政府主導の第1次取締りは，ほとんど実際的効果をあげられなかった。

（3）入場費の行政的取締り：管理弁法の制定

　2004年後半から2005年半ばまで，中国経済の過熱現象が見られ，野菜，肉，卵，乳製品などの生活必需品が大幅の値上がりし，これに伴い消費者物価指数（CPI）が大きく上昇した。インフレ抑制が重要な政策課題となる中で，一部の経済学者は国内の高い流通コスト構造がCPI上昇をもたらす重要な要因であると指摘した。チェーン小売企業の入場費問題は，1つの社会

問題として新聞メディアで大きく報道され、中央政府も強い関心を示した。こうして、チェーン小売企業の入場費問題の取締りは、「民生」に関する問題として各級の政府から重視されるようになった。

2006年10月、商務部、国家発展改革委員会、国家工商総局、公安部、国家税務総局の5つの部門は共同で『小売企業販促行為管理弁法』を制定し、正式に施行した。さらに同年11月、5つの部門は『小売企業サプライヤー公平取引管理弁法』を制定し、正式に施行した。

『公平取引管理弁法』では、小売企業およびサプライヤーは不公平な取引を行ってはならないと明確に規定した。とくに、小売企業が強引にサプライヤーに商品の損耗負担やリベート提供などを行わせるといった不公平な取引行為、サプライヤーの経営活動を制限し、公平・公正な競争を妨げる行為、サプライヤーの販促人員を不合理に利用する行為、サプライヤーへの不合理な返品などを規制した。さらに、小売企業が徴収するサービス費の条件や手順、徴収禁止の費用項目を詳細に規定するとともに、小売企業による売上代金の滞納問題に関する規定も設けられた。

『公平取引管理弁法』の規制対象は、年間売上1,000万元以上の小売企業およびその支店とされている。さらに、規定によれば、小売企業またはサプライヤーが同弁法に違反し、かつ違法行為による収入がある場合、最高3万元の罰金を科される。違法行為による収入がない場合、1万元以下の罰金のほか、違法行為が公にされることとされている。

2007年以降、各地の商務、工商、公安、税務などの部門は、上記の規定に従い、大中型の内資系・外資系小売企業に対する検査を強化したが、5部門による共同取締りは実際的効果を得られなかった。反対に、多くの小売企業は、サプライヤーから「サービス費」を徴収したり、「裏契約」を結ぶといったかたちで各種の不合理な費用徴収を継続的に行い、小売とサプライヤーとの間の対立関係はさらに悪化していった。

2011年、さらなる内需拡大の進展とインフレの抑制といった背景の中で、チェーン小売企業の入場費問題は再び中央テレビ局に報道され、政府高官や社会全体に大きく注目されるようになった。この問題は、内需拡大を阻害し、インフレを加速させる一要因として指摘された。こうして、2011年12月

商務部，国家発展改革委員会，国家工商総局，公安部，国家税務総局の5部門は，『大型小売企業がサプライヤーへの不正な費用徴収に対する整理整頓の工作方案』を公布し，2012年1月から6月まで全国のスーパーマーケット，百貨店，家電量販店など大型小売企業によるサプライヤーからの不正な費用徴収に対する整理整頓を行うことになった。個店の売場面積6,000平方メートル以上，店舗数20店以上，または2010年度売上高が20億元以上の大型小売企業が今回の整理整頓の対象とされた。

2012年1月には四川省発展改革委員会，省商務庁，省公安庁，省国税局，省地税局，省工商局など6つの部門が共同で『四川省大型小売企業によるサプライヤーからの不正な費用徴収に対する整理整頓の実施方案』を公布し，小売企業は6種類の費用を徴収してはならないと明確に規定した。すなわち，契約費，運搬費，配送費，祝祭日費，店舗周年記念費，新店開業費，販売あるいは決済情報検索費，カード払い費，バーコード費（新商品の入場費），口座オープン費（新しいサプライヤーの入場費），無条件リベートなどである。今回の整理整頓について，関係部門は「一定の効果」をあげていると公表しているが，調査によれば小売企業の不正な費用徴収を食い止めることができず，一部の地域ではかえって深刻化しているという。

（4）行政的取締りの失敗要因

これまでの約10年間，各級の政府主管部門が小売企業の不正な費用徴収行為に対する行政的取締りの過程を見ると，行政手段に頼った入場費問題への取締りは，結果的に失敗したといえる。その原因は次の4つの側面から考えられる。

第1に，この10年間，商務部などの行政主管部門による小売企業の入場費問題に関する認識には，ずれが存在したといわねばならない。現在でも，かなりの各級政府主管部門が，小売企業による入場費徴収に対し，それが合理性を持つ一般的な市場行為であり，政府による干渉の必要はないと考えている。こういった認識こそ，取締り効果を大きく低下させることになった。

第2に，この10年間，インフレーションが激化するたびに，関連の行政部門やメディアが入場費の問題を取り上げ，それをインフレをもたらす要因の

1つとして指弾した。政府は，世論を考慮し一連の条例を打ち出したり整理整頓を行ってきたが，入場費問題の取締りを法的レベルでは解決しようとしていない。

第3に，この10年間，各級の政府はさまざまな条例や弁法などを打ち出している。しかし，その内容において，合理と不合理の境目を明確に定めることができず，「上に政策があり，下に対策がある」といった現象を生じさせた。一部の小売企業は容易に条例規制を回避し，取締りは未解決のまま棚上げにされた。

第4に，これまでの数回の取締り活動は，地方発展改革委員会，工商局，公安局，税務局など行政部門が主として共同で実施してきた。しかし，対象とされる小売企業は各地域の大規模な国有流通企業またはトップ企業であるため，取締条例を具体的に実施する段階では実際の効果を上げることができず，多くの場合形式にとどまった。

5 おわりに：入場費問題の法的規制のあり方

入場費問題を分析する際に指摘しなければならないのは，実際すべての小売企業が入場費を徴収しているわけではなく，大規模小売企業のみが入場費を徴収していることである。また，すべてのサプライヤーが入場費を支払っているわけでもなく，中小サプライヤーがより多くの入場費を支払っていることも指摘できる。したがって，中国小売業界において長期にわたって形成されてきた入場費問題は，実際には大規模小売企業の優越的地位の濫用という問題であるといわねばならない。大規模小売企業は，強い販売力，集客力と大量仕入れの優位性を持つため，サプライヤーとの取引において必然的に優越的地位を利用したり，さらには濫用することになった。そのため，大規模小売企業の優越的地位の濫用を規制することは，現在先進国の主要な流通政策となっている。

2005年5月，日本は独占禁止法の特殊指定「大規模小売業者による納入業者との取引における特定の不公正な取引方法」を告示した。同告示は「大規模小売企業」を前年度の総売上高が100億円以上，あるいは店舗面積が東京

都特別行政区および政令指定都市3,000平方メートル以上,その他は1,500平方メートル以上と定義している。一方,納入業者は,大規模小売企業に商品を納入する事業者であり,取引地位において大規模小売企業に劣っていない納入業者を除外するとしている。同告示は不当な返品,不当な値引き,不当な委託販売取引,納入業者の従業員等の不当使用など10の違法行為について規定している。

　さらに2010年,日本の公正取引委員会は独占禁止法を改正し,違法行為に対する罰則を強化し課徴金を課すこととした。2011年6月,公正取引委員会は,同法によって岡山県のスーパーマーケットの山陽マルナカに対して,約2億2,000万円（約1,700万元）の課徴金を支払うことを命じた。その原因は,山陽マルナカは長期にわたって新規開店,全面改装等に際し,納入業者に対し協賛金を強制的に要求することなどにあった。その後,類似の行為によって,玩具等の専門量販店チェーンである日本トイザらスに約3億7,000万円（2,800万元）,家電量販店チェーンのエディオンに対して約40億5,000万円（3億1,200万元）の課徴金が課せられた。なお,3社はこうした課徴金命令を不服として審判手続きが進められている。

　また,フランスでは,1985年に『競争法』に優越的地位の濫用といった概念を導入し,これを独立した反競争行為の1つのタイプとした。同法は,小売企業がサプライヤーを差別する行為に対し,処罰を与えることとしている。また,ある小規模なサプライヤーが,その20～30％の商品を特定の小売企業で販売する場合,当該小売企業がその小規模サプライヤーに対して不平等な納入条件を強制的に受け入れさせることを禁じている。さらに,販売数量について明確な承諾がない場合,サプライヤーから入場費などを徴収することを禁じている。

　このほか,ドイツ,韓国,アメリカなどにおいても,反独占的あるいは反競争的などの関連法が制定されており,その中に小売企業の優越的地位の濫用行為に対する禁止または処罰規定がある。

　2007年8月,全国人民代表大会は『中華人民共和国反独占法』を可決し,同法は2008年8月1日に施行された。同法の第18条は,市場支配的地位の濫用に関して規定しているが,現段階ではその規定の実際的な施行に関する詳

細かつ明確な規定はいまだ策定されていない。これまで入場費の問題をめぐって，小売企業や政府，学術界では激しい議論が展開されてきたが，共通認識に至っておらず，有効な規制を行うこともできない状況にある。入場費問題の解決，また流通分野での市場秩序の規範化を実現するために，中国の流通関連の法律体系を整備しなければならない。「反独占法」を法的根拠として，小売企業の優越的地位の濫用に関する定義や整理をもとに，その行為に対する処罰を強化していくことになれば，入場費問題という難題の解決に希望がみえると考える。

（陳　立平）

参考文献

王亜南（2011）「濫用相対優勢地位問題的反壟断法理分析与規制―以大型零售企業収取通道費為切入視覚―」『法学雑誌』第5期, pp.109-111。

稽明（2008）「進場費合理性的理論解析―兼論中国大型零售商的進場費規制―」『商業研究』12月号, 第380期, pp.67-70。

顧国建（2003）「中国連鎖超市通道費研究報告之一」『中国商貿』第2期, pp.12-13。

小林逸太（2006）「スロッティング・アローワンス序研説―米国の商慣行と競争政策―」『東海大學紀要』（政治経済学部）第38号, pp.279-291。

趙峻鎬（2011）「関于通道費的理論研究回顧和思考」『商業経済管理』第7期, pp.13-18。

楊凱（2003）「"通道費現象"的性質和法律規制」『法学』第4期, pp.33-38。

童春燕・張闓(2007)「渠道権利結構与進場費的作用関係」『中国工業経済』第10期, pp.119-126。

劉向東・潘建（2008）「我国通道費的経済学分析与規制政策評述」『商業経済与管理』第2期（総第196期）, pp.16-23。

渡辺達朗（2010）「中国における大規模小売業者のバイイング・パワー規制―『不公正取引』規制をめぐる動向を中心に―」『流通情報』第484号（42巻1号）, pp.22-32。

第2部
小売企業の発展戦略

中国における外資系小売企業の発展戦略：

カルフール・大潤発の事例を中心に

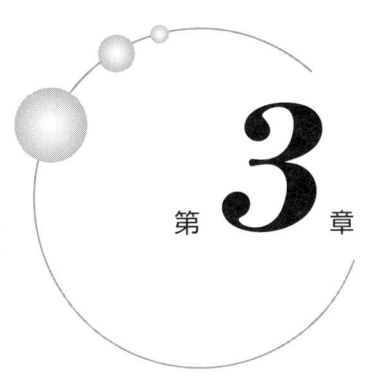

第3章

1 はじめに

中国における外資系小売企業は，1995年フランスのカルフールが北京に出店したのを契機として，参入が本格化していった。また，2001年中国のWTO加入に伴って2004年には小売分野における外資資本の参入が大きく緩和されることとなり，外資系小売企業の出店は加速した。

本章では，外資系小売企業の初期参入者として成功を収めたカルフールと，試行錯誤を繰り返しながらも最終的にはカルフールの売上を上回るまでに成長した大潤発を取り上げ，その発展の要因を考察する。

2 中国における外資系小売企業の発展

（1）外資系小売企業の中国市場参入

中国における本格的な外資系小売企業の進出は，1992年の鄧小平の南巡講和を契機に，6都市と5つの経済特区を，小売業対外開放の試点地域に指定したことから始まる。大手欧米小売企業としては，1995年にフランスのカルフールが北京に進出したのを契機として，1995年以降ウォルマート，メトロなどの有力チェーンが進出を果たしている。

中国が2001年にWTOに加盟したことを受け，2004年には「外商投資商業領域管理弁法」が公布されるなど，小売業分野での対外開放が本格的に進ん

表3−1　主要外資系小売業の参入時期

小売企業名	本国市場	中国参入年	中国参入時地域
ウォルマート	アメリカ	1996	深圳
カルフール	フランス	1995	北京
テスコ	イギリス	2004	上海
メトロ	ドイツ	1996	上海
大潤発	フランス	1998	上海
オーシャン	フランス	1999	上海
ワトソンズ	香港	1989	広州
マニングス	香港	2004	広州
イオン	日本	1996	広州
イトーヨーカ堂	日本	1997	北京

（出所）各種資料より筆者作成。

だ。「外商投資商業領域管理弁法」では，卸売業・小売業は，一部の例外事項を除いて独資での企業設立が認められることとなった。このような対外開放政策により，2004年以降，テスコなど新たな外資系小売業の中国市場参入も行われた。表3−1は，主要な外資系小売企業の中国市場への参入時期をまとめたものである。

（2）外資系小売業の現状

現在どのような外資系小売業が中国では，上位を占めているのか。中国連鎖経営協会が外資系に特化したチェーンストア売上ランキングを毎年提示しているので，そのランキングをもとに確認する。なお，本ランキングでは外食チェーンが含まれる一方，フランチャイズ形式で展開するコンビニエンスストアチェーンが除外されていることに留意しておきたい。

表3−2によって，2011年の本ランキング上位10チェーンの顔ぶれを見ると，半分がハイパーマーケットを展開するチェーンがランクインしていることがわかる。売上トップとなっているのが，台湾の潤泰集団とフランスのオーシャンの資本傘下にある大潤発である。大潤発については，この後のケースでも取り上げる。売上2位は中国市場にいち早く参入し，ハイパー

表3－2　2011年の主要外資系小売業

ランキング	企業・チェーン名称	本国	主要業態	売上額（万元）	店舗総数
1	大潤発	台湾・フランス	ハイパーマーケット	6,156,700	185
2	カルフール	フランス	ハイパーマーケット	4,519,581	203
3	KFC（ケンタッキーフライドチキン）	アメリカ	外食	4,340,000	4,450
4	ウォルマート	アメリカ	ハイパーマーケット	4,300,000	281
5	江蘇五星電器（ベストバイ）	アメリカ	家電量販店	2,748,330	279
6	テスコ	イギリス	ハイパーマーケット	1,800,000	121
7	パークソン	マレーシア	百貨店	1,642,617	52
8	新世界百貨	香港	百貨店	1,550,000	39
9	ロッテマート	韓国	ハイパーマーケット	1,541,077	75
10	メトロ	ドイツ	倉庫型会員制卸売	1,380,000	54

（出所）中国連鎖経営協会『中国連鎖100強（2011）』プレスリリースを元に作成。

マーケット業態を中国の消費者に紹介する役割を果たしたともいえるカルフールである。売上4位が世界最大の小売業であるアメリカのウォルマート，売上6位がイギリスのテスコ，売上9位は韓国のロッテマートとなっている。なお，ウォルマートは，トラストマート（好又多）の株式の35％を取得しているが，その売上は含まれていない。

　外食であるKFCを除くと，欧米小売企業のほとんどがハイパーマーケット業態での展開となっている。5位にランクされるベストバイは，「ベストバイ」としての店舗展開からは2011年に撤退しており，買収した五星電器での展開となっている。

（3）中国における外資系ハイパーマーケットの発展

　中国における外資系ハイパーマーケットの歴史は，フランスのカルフールが台湾出店を経て1995年，北京に進出したことから始まっている。カルフー

ルは，その後展開都市を拡大し急速に店舗を増加させた。展開都市の急速な拡大の背景には，地方政府からの誘致，地方政府認可による合弁企業設立があった。ただし，地方政府認可による小売合弁企業の設立と出店は，中央政府の許可を得ないものであった。この結果，2000年にカルフールに対して中央政府から指導が入り，その年の新規出店の自粛を余儀なくされることとなった。

しかし，2004年の「外商投資商業領域管理弁法」による小売分野での対外開放から，比較的自由に出店できるようになり，カルフールやウォルマートなどハイパーマーケットの出店ペースが加速することとなった。2004年までは，1ケタの出店数であったものが，2004年以降2ケタペースとなっている。図3－1は，2006年以降の主要な外資系小売企業の売上高推移をまとめたものである。この間の動きとして最も注目されるのは，市場における企業のポジションの変動である。もともと，外資系の中ではカルフールが売上トップの座を占めていたものが，2008年には大潤発が売上トップになり，現在に至っている。

本章では，先発優位性を利用して市場のポジションを確立したカルフールと，後発ながらカルフールを追い抜くまでに成長した大潤発の成功要因につ

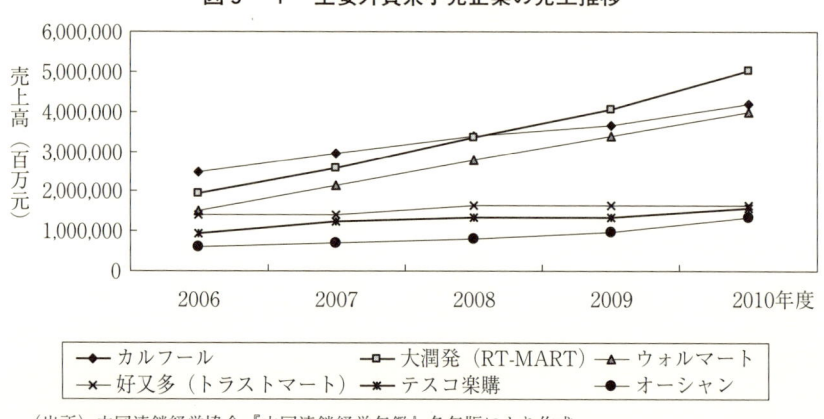

図3－1　主要外資系小売企業の売上推移

(出所) 中国連鎖経営協会『中国連鎖経営年鑑』各年版により作成。

いてみていく。両者の戦略を比較検討することによって，中国市場のみならず新興市場をどのように開拓していくべきかについての示唆を得ることができる。

3 カルフールの中国市場における発展要因

（1）カルフールの概要

　カルフールはフランスの小売業であり，ウォルマートに次ぐ世界第二位の小売業である。中国進出は1995年と比較的早期であり，中国の小売市場においていち早く大きなポジションを占めるようになった。欧米から進出した小売企業として中国の小売企業からの注目も高く，カルフールの元従業員がコンサルタント等になることでカルフール式の経営方法が中国の現地小売業に広まることとなった。

（2）出店戦略

　カルフールは1995年に北京に進出し，1996年には天津・深圳に，1997年には重慶，武漢，珠海などの都市に矢継ぎ早に展開した。基本的にはカルフールは1級・2級都市と呼ばれる比較的所得の高い大都市での展開戦略をとってきている。このように矢継ぎ早にさまざまな都市で展開できた理由としては，小売外資の導入を推進する地方政府からの誘致や柔軟なパートナー提携により，いち早く優良な立地の確保を行うことができたという点があげられる。地方政府の役人にとっては，著名な外資系小売企業の誘致は実績となることもあり，地方政府の思惑とカルフールの思惑が一致したことも大きいといえる。また，後述するサプライヤーの直接供給モデルにより，物流センターなどの設備の制約を受けない自由な出店が可能であったことも大きな要因であると考えられる。

　カルフールはフランス語の交差点を意味する。カルフール第1号店はパリ南部の郊外に小さな町の交差点にオープンした。当時あまりの人気ぶりで「交差点のお店に行く」といわれるようになり，本当の店名が忘れられてし

表3−3　カルフールの出店前調査の主要項目

主要な調査項目
● 周辺住宅地の特定ターゲット客の人口数，人口密度 ● 主要な年齢分布 ● 平均的な教育水準 ● 可処分所得の総額や1人当たりの可処分所得の状況 ● 主要な職業分布 ● 消費特性と消費嗜好 ● 人口変化の動向，収入水準など

（出所）王東萍（2010）より筆者作成。

まったという。その後，カルソールは交差点の立地を1つの出店原則とした。中国においても出店に際してこの思想は生かされている。

　中国カルフールのハイパーマーケットの立地は，最近では都心での出店も多いが，当初は都市周辺の都市と農村の連接地にあり，都市中心部と大型住宅地にも近いところでの出店が多かった。こういった立地は，自家乗用車，バス，地下鉄，電車，自転車の交通手段や徒歩でも来店可能である。また，交差点の立地はわかりやすく，探しやすい場所であり，多くの顧客を獲得することができる。出店に際しては，商圏の基準を設けており，出店に際しては，表3−3に示す項目について自社の調査員を使って調査を行っているという[1]。

　正確で信憑性のある関連資料やデータが不足する場合，カルフールは調査会社を通じて調査を行う。このような調査結果を基に，投資効果を分析するツールを使い，最終的な出店の投資判断を行っている。比較的厳しい出店の条件をクリアする立地を確保できたのは，中国市場参入の先発優位性が働いたこと，賃貸による柔軟な出店を行ったためである。賃貸による出店は，出店にかかる投資を軽減することができ，出店や撤退が容易で柔軟性の高い出店を可能にした。しかし，近年では，大都市の発展とともに，中心部の地価が高騰し，理想的な立地を安価に入手するのはとても難しくなりつつある。このような課題に対応するため，カルフールは買収により立地の確保を実現するといった戦略もとっている。例えば，天天津勧業集団超市を実質的に買収することで天津において良い立地がほとんど残っていない市内に4つの最

表3－4　カルフールの直接供給モデルの特徴

「小ロット・多頻度」仕入れ	使用資金を減少させると同時に，商品の陳列スペースの利用効率を向上させるため，基本的に「小ロット，多頻度」の仕入れ原則を採用。
随時補充	毎日，出入荷の状況に応じて，随時サプライヤーと連絡を取り，補充を行う。
指定納品時間の厳守	カルフール指定の通常納品時間より遅れた場合，罰金等が科される。

（出所）王東萍（2010）より筆者作成。

適な立地を獲得することができた。

（3）カルフールのサプライチェーンモデル

　カルフールのサプライチェーンは，もともと各店舗が独立し，基本的に物流センターを持たない「サプライヤーによる直接供給」モデルであった[2]。これは，カルフールが中央集権的な組織ではなく，分権的な組織であったこととも関係している。カルフールは，店舗レベルでの裁量が強く，品揃えや調達においても店舗の権限が強かった。このように店舗の裁量権が強く分権的な組織となった背景としては，いくつかの理由が考えられる。まず1つは，地方政府の要請に応じて地方や店舗ごとにパートナーと合弁企業を設立して展開したことで，独立色が強くなったということがある。次に，全国的なメーカーであっても商品の販売代理権が地方ごとに異なっており，地方ごとに条件や仕入れ交渉を余儀なくされたという影響もあるだろう。この結果，物流センターを建設し，大量取引を行って仕入れ価格を下げるといったモデルを確立することが難しかったものと想定される。結果として，サプライヤーが直接各店舗に供給するというサプライチェーンモデルとなり，カルフール店舗の周りには納品車による納品待ちの「カルフール渋滞」が発生するほどであった[3]。サプライヤーによる直接供給モデルの特徴は，表3－4のようにまとめられる。

　物流センターなどの設備を持たないことは，物流センターのカバー範囲が出店の制約に結びつかないことや，取引先に物流の責任を転嫁し，リスクを

負担しないで済む（商品破損や盗難等）といったメリットがあった。しかしながら，店舗数が少ない時期は上記のモデルが成功モデルとなったが，地域内での店舗数が増えたこともあり，物流センターモデルへの移行を志向し始めている。

（4）カルフールの価格戦略

カルフールが消費者の支持を得たのは，その価格戦略によるところが大きかった。カルフールの価格戦略は，その市場（地域）への参入時の価格戦略と参入後の価格戦略とに分類することができる。

まず，市場参入時の価格戦略であるが，カルフールは，中国に進出した当初，低価格イメージ戦略を採用した。ターゲット市場を働く世代の客層に絞り，とくに購買頻度の高い日用品分野に力を入れ低価格を推進した。これにより高い集客力を実現させ，クチコミ効果でカルフールの知名度が高まった。カルフールは多くの商品の価格をその他の小売企業より最低20％低く設定したという。低価格により他の地元小売業を淘汰し，市場で支配的なポジションを確立した後，カルフールは値上げ戦略を取り入れた。カルフールは，顧客が値上げを行ったと感じられないように，数回に分けて商品の小幅な値上げを実施する一方，特売時に大規模な値下げを行うなどの方策をとっている[4]。

市場参入後の価格戦略として，商品構成において，カルフールは常に全体の10％を低価格の商品としている。低価格の商品は，購買頻度が高く需要の大きい日用品や食品を中心としている。このような商品については，競合他社の価格設定に合わせて，カルフールは常に対抗的な価格調整を実施しており，利益は重視していない。店舗に価格調整の権限を与えることにより，競合他社との競争が激しくなるときに積極的に対応することができるようにしている。また価格競争力を維持するために，カルフールのカテゴリーマネージャー（経理）は毎週主力商品の価格調査を行っている。調査により，各カテゴリーの市場価格を把握し，いったん競争相手が値下げすれば，カテゴリー責任者はすぐにサプライヤーと交渉し対抗する。このように価格で負けない商品群を作る一方で，利益を確保する商品群も設定している。利益を確

保する商品群の価格は，仕入れ原価と目標利益率を考慮し，競合他社の価格を意識して決定している。一般的に食品・飲料，日用品は3～5％，生鮮食品17％，アパレル商品30％，玩具類20％，家具類20～30％，家電製品7％，文房具類20％を，仕入原価に粗利として上乗せしているという。

　また，カルフールでは，知名度の高いブランド商品の販売価格を低く設定する一方，「ついで買い」のような商品の価格を高く設定するといった方法も取り入れている。このような方法により，有名ブランドなどの品質の良いものが安く手に入るというイメージの確立に成功したといえる。

　このように，中国の消費者に対していち早く「競争優先の価格」と「利益確保の価格」をうまく使い分け，粗利ミックスを確立したことが成功の要因であったと捉えることができる。

(5) 取引先への条件

　カルフールは，取引先に対して，進場費（エントリーフィー）をはじめとする各種費用の徴収や有利な条件を適用することによって，収益的な恩恵を受けてきた。進場費をはじめとする各種費用を取引先から徴収することで，販売して収益を上げる以前に，取引を行う時点で収入を得ることができている。このように，早期に現金を回収できるモデルを確立したことで，それを

表3－5　カルフールにとって有利な取引条件の例

有利な返品条件の例	カルフール本部との契約に従い，販売できない商品の返品は基本的に受け取らない。年末に仕入金額（税抜き）に一定の掛け率で店舗に補償する。
	賞味期限切れ，あるいは販売停止を決定した商品に対し，他の商品との交換が可能。
	終売する単品は返品可能。
	破損した商品は返品可能。
	バーゲン終了後，残りの販促商品は返品可能。
有利な支払い条件の例	カルフールは支払いする際，直接関連の販売費用を控除。
	支払いサイトは60日または30日。

（出所）王東萍（2010）より筆者作成。

多額の費用がかかる出店費用に回すことができるようになり，積極的な店舗展開が可能となった。

なお，各種費用の徴収は，カルフールの利益の半分を占めるに至っているといわれており，販売よりも費用徴収を主目的とするような取引活動を生み出す要因ともなっている。

このような収益モデルはもともと台湾のカルフールから中国のカルフールにもたらされたものといわれ，カルフールを発祥として中国の小売業で急速に広まったモデルとして知られている。このような費用徴収の実態やそのことがもたらす課題についての詳細は，第2章に譲ることとしたい。

各種費用の徴収以外の有利な取引条件としては，返品に関する条件や支払いに関する条件がある。その代表例をまとめると，表3−5のようになる。

(6) カルフール発展のポイントと現在の課題

これまで，カルフールがどのような要因で成功してきたのかを見てきた。カルフールの成功のポイントは，価格戦略の巧みさにより消費者の支持を得たこと，店舗に権限を委譲し，物流センターなどの投資など本部コストを最小化したこと，交差点戦略による優位置確保と賃貸による柔軟な出店を実現したこと，取引先へ費用・リスク転嫁を実現したことがあげられる。

このような市場参入時の成功要因は，経済環境の変化とともに，逆に問題の要因へと転化してしまうことも少なくない。現在のカルフールの状況を見ると，まさしく過去の成功体験に縛られて，そこから脱却できずにもがき苦しんでいるといえる。出店戦略を例にあげても，賃貸を主体としたことがインフレが進行する現在の中国においては仇となっている。既存店に関しては，賃料の高騰が収益を圧迫することにつながっているし，新規出店に際しては優良な立地は高額な賃料を支払わないと確保できないということである。

分権的なサプライチェーンモデルも，各都市に1〜2店舗しかなく，各都市ごとに進出を行う時代であればよかったが，地域内での店舗が拡大するようになると，購買や物流が分散しているため，効率性が劣ることにつながる。また，店舗の権限が強大であるため店舗における収賄等の腐敗等が横行

した。このような管理の不十分さは，さまざまな事件を引き起こす要因ともなっている。近年では2011年２月22日にカルフール，ウォルマートスーパー19軒の店舗は価格詐欺を理由として，各地の主管部門に法定最大限度50万元の罰金を取られ，罰金総額は950万元に達したとの報道がなされた[5]。これは，店頭における表示価格と実際のレシート売価が異なっていたというものであり，１つの要因として店舗のオペレーション管理面での未整備や不徹底が招いたものであるといえるだろう。最近では，商品仕入れや出荷などの機能を本部のセンターに一本化して業務の効率化を進める一方，店長の権限を縮小する取り組みを試行しているが必ずしも順調には進んでいないようである[6]。

　さらに，収益モデルについても過渡期を迎えている。カルフールが外資系トップのポジションを維持し圧倒的な地位を築いていれば，取引先は不利な条件を呑んででも取引を続けようとするだろう。しかしながら，小売企業間での競争が激しくなり，カルフールの優位性が弱まってくると取引先も反発を強めていくことになる。また，バイイングパワーを利用した取引条件の提示について，中国政府側も監視体制を強めている。取引条件をめぐってカルフールとメーカー・代理商との争いはここ数年頻発している[7]。おそらく，今後はカルフールもこれまでのようにバイイングパワーを利用した取引条件を維持することは難しくなっていくだろう。

4　大潤発の発展戦略

（１）大潤発の概要

　大潤発（RT－Mart）は，1996年台湾の潤泰集団（Ruentex）の小売事業部として台湾において設立された企業である。その後まもなく1997年に中国に進出し，1998年に上海に中国１号店を出店した。2000年にフランスのオーシャンと共同でSun　Holdingsを設立，中国の大潤発とオーシャン（Auchan）の２つのハイパーマーケットが傘下に収まることとなった。2001年には，潤泰集団が保有する台湾の大潤発の株式の67％をオーシャンに譲る

第３章　中国における外資系小売企業の発展戦略　　59

図3-2　中国における大潤発の出資関係

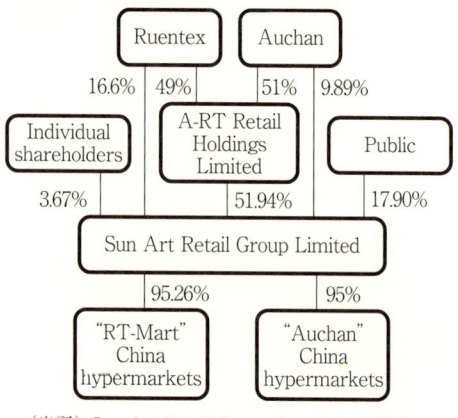

```
        Ruentex    Auchan
       16.6%  49%   51%  9.89%
  Individual   A-RT Retail
  shareholders  Holdings    Public
                Limited
       3.67%      51.94%    17.90%
         Sun Art Retail Group Limited
              95.26%    95%
         "RT-Mart"      "Auchan"
          China          China
        hypermarkets  hypermarkets
```

（出所）Sun Art Retail Group ホームページより。

などオーシャンとの連携を深めている。2011年には，Sun Holdings を再編するかたちで，SunArt Retail Group を設立，香港株式市場への上場を果たしている。

（2）出店戦略

　大潤発は1998年7月に上海で最初の店舗を出店した。当初，大潤発の経営者のほとんどは，台湾の工業企業（潤泰集団）の出身で，小売企業経営に関しては素人であった。上海の1号店は万客隆（マクロ）をモデルとした倉庫スーパー型店舗であったが，結局うまくいかなかった。当時，カルフール，ウォルマート，ロータスなど大規模なチェーン小売企業が北京，上海など大都市で急速な店舗網の拡大を進めていた。上海でこのまま競争しても，大潤発に勝ち目がないことは明らかだった。大潤発の中国地区発展部総経理・洪万康によると，すでに3号店を出す頃には，大潤発がこのまま都市で展開していても不利になるばかりだと気づいたので，店舗展開の重点を華東，華南にある富裕層の比較的多い2，3級都市に移したという[8]。結果として大都市周辺の2，3級都市で成功を収めた後，都市部へ出店を行ったことから，大潤発の戦略は「農村から都市へ（農村包囲城市）」といわれる。

大潤発の出店の特徴として，1つ目に慎重かつ長期的な視点での立地選定があげられる。洪万康は，「ちゃんとやれないなら，やらない方がいい。我々は立地選定を非常に重視する」と述べ，量よりも質を重視した出店を強調している。その代わりに，大潤発は，立地を決めたら最後まで経営する。ウォルマート，カルフールを代表とする外資系ハイパーマーケットは不動産所有者と賃貸契約する際に，「免責」項目を設けている。賃貸契約後の期間にかかわらず，もし経営が困難になったら，一定期間前に不動産所有者に通知をすれば撤退できるというものだが，大潤発はそうした内容で契約することに批判的である[9]。

　大潤発の出店の特徴の2つ目として，2，3級都市での有利な立地の確保をいち早く行ったことである。2，3級都市での出店に際しては，店舗の商圏人口が30万人にならなければならない，しかも，商圏内には競争相手がない，物流が便利など，厳しい条件を設けた。総経理の黄明端は，自ら今まで大潤発すべて店舗の周辺環境を視察し立地選定を行ったという。

　大潤発の出店の特徴の3つ目として，参入当初は，店舗を複数ブランドで展開していたことがあげられる。例えば「百潤発」，「金潤発」，「大福源」などである。この理由は，企業名を隠すためであった。複数ブランドで展開していれば，もし1つのブランドがうまくいかなくなったり，問題を起こしても他のブランドに影響しないというメリットがあったからである。また，店舗数を拡大してもどこのチェーンの店舗かわからないようにカモフラージュする効果もあった。このように巧妙な手法を使って店舗展開を行っていたことが，カルフールを売上で追い抜く2008年まで，大潤発があまり注目されてこなかった要因でもある。ただし，2006年には，商務部の命令で1つのブランドしか使えなくなり，「大潤発」というブランドに順次統合されている[10]。

（3）価格戦略

　大潤発は必ずしも低コスト体質とはいえない。例えば無料バス・無料飲料水などの無料サービスに力を入れており，そのようなサービスを提供することはコスト上昇要因となる。一方で，2，3級都市で消費者の支持を得るた

めには，地方に対応した品揃えに加えて価格が重要であった。都市部に比べて所得水準も低く価格面は重要な商品選択の要素となっていた。

カルフール，ウォルマートなど大手小売企業も低価格を強調しており，それらに対抗して低価格を実現するためには，カルフール，ウォルマートとは異なる商品でさらに安い商品を品揃えすることしかなかった。例えば，ブラウスを販売するとする。仮にカルフールが70～110元のブラウスを主に販売すれば，大潤発が他の50～80元のブランドを仕入れる。そうすれば，顧客は大潤発のほうが安いと感じる[11]。そういったやり方で2，3級都市の消費者の支持を得てきた。その後，大潤発は，そのやり方を上海など大都市の一般消費者にも適用した。

また，大潤発は客数を重視し，それを確保するため，野菜，肉，卵など生鮮食品のマージン率を低くし，低価格を維持した。このことも価格戦略でカルフールやウォルマートに負けなかった理由である。

それでは，このように低価格を実現できた理由はどこにあるのであろうか。まず，大潤発は中価格帯から低価格帯の雑貨，および非食品のサプライヤーを発見するのがうまい。このような商品は比較しにくいことから，うまくカルフールなどとの正面競争を避けることに貢献した。また，低価格を維持するために，大潤発は毎日6～7人のチームを出し，競争相手の最低価格商品の情報を収集している。さらに，大潤発は米，豚肉，果物など生活必需品のサプライヤーとの取引を独占することで，低価格を確保しようとした。例えば，ある醤油サプライヤーの500ml入り醤油の一般小売店での価格が8元，他のハイパーマーケットでの価格が5～15元のとき，大潤発では3.9元で販売した。醤油は生活必要品であるので，とりわけ地域での最低価格の維持に努めた[12]。

（4）取引先との関係

カルフールや内資系チェーン小売企業は，高額のチャネル費用を徴収したり，買掛金の支払いを故意に延期するなどして，取引先と紛争を起こしているが，大潤発にはそういった問題は発生していない。大潤発は商品を販売したら，できるだけ速くサプライヤーに買掛金を支払うと強調している。さら

に，特別な時期には早めに支払う。例えば，正月の時に，正月以降支払うのは一般だが，大潤発は供給商の正月のニーズを考慮し，一般的には早めに支払うという対応をとっている[13]。このような取引先との良好な関係は，取引先による大潤発への商品融通，品切れ防止などに貢献し，他社との差別化をもたらすこととなった。

（5）オペレーションの標準化

先に述べたように，当初，大潤発が中国に出店したとき，会社の主要メンバーは台湾の製造企業出身で，小売企業経営の経験が一切なかった。数多く小売企業経験者により構成される国内競争相手と比べると，大潤発は独特の人材で占められた。しかし，彼らはこうした工場における管理経験を小売企業経営モデルに転用することで，彼ら自身も予測できない良い効果を得ることができた。

生産過程においては，部品ごとに精確な標準（サイズ）が決められており，1つの部品に小さな狂いがあるだけで，最終的な結果は大きく異なってしまう。大潤発はこうした考え方に基づいて，小売のオペレーションを管理しようとした。具体的には，オーシャンなど外資系の運営モデルを参考して，内部の運営標準を作った。これにより，複雑なプロセスを標準化するとともに簡素化した。例えば，大潤発の棚札ラベルには品名，価格，規格などはもちろん，商品の陳列数量，1日の平均売上，プロモーションのレベル，需要タイプなどの管理データが含まれている。こうしたデータは情報システムにより管理されている[14]。こうした管理の考え方は工業における考え方を応用したものである。大潤発が今でもハイパーマーケットという業態だけを経営し，コンビニエンスストアなど他の業態を展開しないのは，徹底した標準化経営を考えているためである。

（6）小括

大潤発の戦略のポイントをまとめると，競争の少ない2級，3級都市への重点出店，価格戦略の差別化による2級，3級都市生活者の支持，取引先とのパートナーシップの構築，オペレーションの標準化によるコスト削減とい

ったことになる。とくに出店の考え方，標準化の推進など，やるべきことをしっかりやっている企業という印象が強い。最終的に市場において勝者になるのは，このような地道な努力を積み重ねた企業であることを改めて気づかせてくれる。

5 おわりに

　本章では，外資系小売企業の発展状況を概観するとともに，カルフールと大潤発の発展戦略をみてきた。カルフールの戦略と大潤発の戦略は対照的である。カルフールの戦略のポイントは以下のとおりである。

- 価格戦略の巧妙さによる消費者の支持
- 店舗に権限を委譲し，物流センターの投資など本部コストを最小化
- 交差点戦略による優位置確保と賃貸による柔軟な出店
- 取引先へ費用・リスク転嫁の実現

　カルフールの戦略は市場参入の戦略としては参考にできる部分が非常に多い。すなわち，進出当初投資が限られる中でいかにスピード感を持って出店を拡大するかということである。カルフールは取引先へ費用・リスク転嫁を含め現金確保のためにあらゆる方法を使った。そのことによって出店の資金をいち早く確保することができたのである。ただし，このような戦略はインフレの進行など経済環境が変化するとリスクが発生することになる。

　一方，大潤発の戦略のポイントを確認すると，以下のとおりとなっている。

- 競争の少ない2級，3級都市への重点出店
- 価格戦略の差別化による2級，3級都市生活者の支持
- 取引先とのパートナーシップの構築
- オペレーションの標準化によるコスト削減

　大潤発の戦略は後発組の戦略として参考にできる。すなわち，あえて競争の厳しい大都市を捨て，地方都市から出店を重ねていき，試行錯誤しながら標準化をすることで他都市への拡大を実現することができるようになったという点である。新規市場に参入する際には，一般的に大都市から参入するこ

とが多いが，参入する時期によっては，あえて大都市を捨てて周辺都市や地方都市から参入することが成功のポイントになってくることをこのケースは物語っている。

（神谷　渉）

1）王（2010）pp.31-37による。
2）王（2010）pp.55-61による。
3）2008年日系卸売事業者への筆者ヒアリングによる。
4）王（2010）pp.113-131による。
5）『中国連鎖』2011年3月による。
6）『中国経営報』2011年2月14日による。
7）インスタント麺メーカーである康師傅が，原材料費の上昇に伴う価格の値上げ要請をカルフールが拒否したため，2010年10月末供給を停止するといった事件などが有名である。
8）『中国新時代』2010年1月による。
9）『成功営銷』2010年7月による。
10）『中国新時代』2010年1月による。
11）『中国新時代』2010年1月による。
12）『銷售与市場（渠道版）』2010年4月による。
13）『中国新時代』2010年1月による。
14）『銷售与市場（渠道版）』2010年4月による。

参考文献
王東萍（2010）『家楽福的銷售方法』広東経済出版社。
中国連鎖経営協会（2011）『中国連鎖経営年鑑2011』。
「大潤発　浮出水面的"超市大鰐"」『中国新時代』2010年1月。
「大潤発超越家楽福的秘密」『成功営銷』2010年7月。
「大潤発双超家楽福，沃尓瑪的秘笈」『銷售与市場（渠道版）』2010年4月。
「家楽福的騰挪」『中国連鎖』2010年3月。
「逃離家楽福　供応商"内乱"起底」『中国経営報』2011年2月14日。

第4章 中国における内資系小売企業の発展戦略：

聯華超市・永輝超市の事例を中心に

1 はじめに

　中国における内資系小売企業は，2001年中国のWTO加盟により小売分野での対外開放が決定すると，大きな転換期を迎えることとなった。外資系小売業に対抗できる規模の確保や企業としての質の向上が求められ，国有企業を中心に買収や統合などが急速に進展した。

　中国における内資系小売企業の発展は，大きく2つのパターンに分類することができると筆者は見ている。1つは国有企業など地元政府と密接な関わりを持ち，地域での展開を中心に発展してきた企業，もう1つは，ある業態に特化するかたちで地域でのドミナントないしは多地域での展開を目指してきた企業である。本章では，両者の企業の典型的な企業を取り上げ，それぞれの発展の要因と今後の課題について考察する。

2 中国における内資系小売企業の発展

（1）内資系小売企業発展の歴史

　内資系小売企業発展の歴史は，経済改革期の1980年代にまでさかのぼる。1980年代前半から，商品の配給制の廃止や価格設定の自由化が段階的に推し進められるようになった。また経営の責任制，集団所有制の導入，株式会社化の試行など，段階的な企業化が推し進められることとなった。1993年には

「公司法」が交付され，株式会社化が法制化された。これにより，地方政府内にあった商業部門などが独立・再編されるかたちで商業系の企業が数多く誕生することとなった。また，ほぼ同時期に外資小売企業の試験的な導入が進められた。その結果，これまで業態らしい業態も存在しているとはいえなかった中国にさまざまな業態が一気に展開されるようになっていった[1]。

さらに2001年には，中国がWTOに加盟して「2004年までの外資小売企業による参入地域と出資制限の開放」を約束することになった結果，2001年から2004年にかけて小売業分野の対外開放が実施されていくことなる。この2001年以降，政府主導による国有企業の統合や再編が活発化する。例えば上海市では，2003年に上海の有力国有企業グループが統合するかたちで，百聯集団が誕生した。一方，民営企業も2000年以降，全国展開を行う家電量販チェーンなどが台頭した[2]。

（2）内資系小売企業の現状

中国チェーンストア協会がチェーンストア売上ランキングを毎年提示しており，その2011年のランキングをもとに，現在どのような内資系小売企業が上位を占めているのかを確認する（表4－1）。なお，本ランキングでは外食チェーンが含まれる一方，フランチャイズ形式で展開するコンビニエンスストアチェーンが除外されていることに留意しておきたい。内資系のトップは，上海を基盤とする百聯集団である。百聯集団に続くのが蘇寧電器，国美電器といった家電量販チェーンである。その次に華潤万家，重慶を基盤とする重慶商社，大連を基盤とする大商集団などが続いている。

（3）中国における内資系小売企業の特徴

中国内資系小売企業は，おおよそ2つのタイプに分けることができる。1つは，国有企業など地元の地方政府と密接な関わりを持ち，地域での展開を中心に発展してきた企業である。このような企業は1つの地域を中心に複数の業態を展開する企業である。例えば，百聯集団は，上海を基盤とする国有小売コングロマリットである。2003年4月24日に上海の4つの企業グループ（上海一百集団，華聯集団，上海友誼集団，上海物資集団）が統合するかた

表4-1 中国チェーンストアランキング上位15社 (2011年)

ランキング	企業・チェーン名称		主要業態	売上額(万元)	店舗総数
1	百聡集団有限公司		百貨店,ハイパー,スーパー,コンビニ他	11,820,757	5,604
2	蘇寧電器股份有限公司①		家電量販	＊11,000,000	1,724
2	国美電器有限公司②		家電量販	＊11,000,000	1,737
4	華潤万家有限公司		ハイパー,スーパー他	8,270,000	3,977
5	康成投資(中国)有限公司(大潤発)		ハイパーマーケット	＊6,156,700	185
6	重慶商社(集団)有限公司		百貨店,スーパー,家電量販他	4,780,262	325
7	カルフール	外資	ハイパーマーケット	4,519,581	203
8	KFC	外資		4,340,000	4,450
9	ウォルマート	外資	ハイパーマーケット	＊4,300,000	271
10	物美控股集団有限公司		ハイパー,スーパー他	4,107,499	2,609
11	大商股份有限公司④		百貨店,スーパー,家電量販他	＊3,560,000	170
12	山東銀座商城股份有限公司			3,067,037	93
13	農商工超市(集団)有限公司		スーパーマーケット	3,024,551	3,374
14	江蘇五星電器有限公司	外資	家電量販	2,748,330	279
15	海航商業控股有限公司		百貨店,スーパー他	2,340,000	468

(出所) 中国連鎖経営協会『中国連鎖100強 (2011)』プレスリリースを基に作成。
＊は推定値

ちで誕生した。展開する事業としては,百貨店・ショッピングセンター,スーパーマーケット,コンビニエンスストア,薬局,物流など多岐にわたっている。ランキング上位の企業の中では,重慶市を中心とする重慶商社,大連を中心とする大商集団などがこのパターンに当てはまる。近年では周辺地域などへの拡大展開も出てきている。

もう1つのパターンは,ある業態に特化するかたちで地域でのドミナントないしは多地域での展開を目指すものである。ランキング上位企業の中では,蘇寧電器,国美電器といった家電量販チェーンや,華潤万家,物美,永輝超市などハイパーマーケット・スーパーマーケットを展開するチェーンがある。このようなチェーンは比較的民営企業が多いのも特徴である。

本章では，上記の２つのパターンのケース企業として，百聯集団傘下のスーパーマーケット企業である聯華超市とハイパーマーケット・スーパーマーケット企業として全国展開が目覚しい永輝超市を取り上げ，その発展戦略を見ていくこととしたい。

3 聯華超市の発展戦略

（１）聯華超市の事業概要

　聯華超市は，百聯集団傘下の企業として，スーパーマーケット，ハイパーマーケット，コンビニエンスストアの業態を有する。2011年度の売上総額は27,520百万人民元であり，日本円に換算すると約3,500億円となる。

　スーパーマーケット業態は「聯華超市」，「華聯超市」の２つの店舗名で展開を行っており，ハイパーマーケット業態は「世紀聯華（Century Mart）」，コンビニエンスストアは「快客（Quick）」として展開を行っている。スーパーマーケット業態の店舗名が２つある理由は聯華超市が同じく百聯集団傘下の華聯超市を2009年に買収したことによる。

　2011年のアニュアルレポートにより店舗数を見ると，スーパーマーケット業態が最も多く2,984店舗となっており，コンビニエンスストア（CVS）業態よりも店舗数が多い（表４－２）。ところが，売上構成比を見ると，売上高240億元のうち，ハイパーマーケット業態の構成比58％を占め，最も高くなっている（図４－１）。スーパーマーケットでは，加盟店による展開が多いことも注目すべき点である。

表４－２　聯華超市の業態別店舗数

	ハイパーマーケット	スーパーマーケット	コンビニエンスストア
直営店	152	669	947
加盟店	0	2,315	1,067
合　計	152	2,984	2,014

（出所）聯華超市アニュアルレポート2011。

図4－1　聯華超市の業態別売上構成比

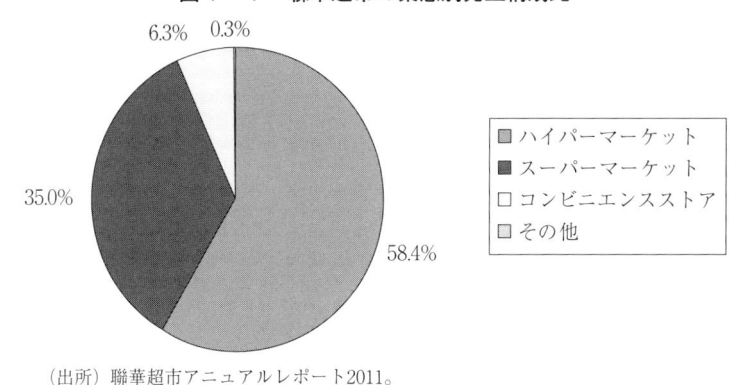

6.3%　0.3%
35.0%
58.4%

■ ハイパーマーケット
■ スーパーマーケット
□ コンビニエンスストア
□ その他

（出所）聯華超市アニュアルレポート2011。

（2）聯華超市の発展

　聯華超市の沿革は**表4－3**に示すとおりであり，1991年に上海聯華超市公司として設立された。スーパーマーケット業態からスタートしているが，その後コンビニエンスストア業態，ハイパーマーケット業態も展開するようになっている。ハイパーマーケット業態に参入したのは，2001年のことであり，比較的最近のことである。これは，1994年にカルフールとの合弁で上海地区においてカルフールを運営する「上海聯家」を設立していたことも影響している。2003年には百聯集団の誕生とともに，聯華超市は香港の株式市場に上場を果たしている。

　聯華超市は，**表4－4**に示すように，上海市を中心に幅広い地域で展開を行っている。一時全国拡大を目指して積極的な出店を行っていたが，近年では，資源の集中を図るために，全国的な展開を目指すというよりも，上海・華東地区での展開に注力している。

（3）聯華超市の強み

　清華大学が2007年に実施した調査によると，華聯と聯華の顧客満足度・顧客忠誠度は，総じて高いとはいえない状況となっている（**表4－5**）。(財)流通経済研究所でも2010年に同様の調査を実施しているが，直近でもその状

表4－3　聯華超市の沿革

年	沿革
1991	上海聯華超市公司設立
1994	カルフールとの合弁で上海聯家を設立（上海地区でのカルフールの運営）
1996	売上高8億元，店舗数41を達成
1997	三菱商事の資本参加
2001	世紀聯華投資発展有限公司設立，ハイパーマーケット業態を本格発展へ
2003	カルフール関連会社との合弁で上海ディア（ディスカウント店）を設立
2003	親会社（上海友誼集団）が経営統合し，持ち株会社を設立，百聯集団が誕生
2003	香港市場に株式上場
2006	上海ディアを売却
2006	上海に新物流センターを稼働（29万平米）―岡村製作所のノウハウ
2007	広東省のCVS（快客）を売却（112店舗）
2009	百聯集団傘下の華聯超市を買収

（出所）聯華超市アニュアルレポート2003-2011，寺嶋・後藤・川上・洪（2003）を基に筆者作成。

表4－4　聯華超市の地域別店舗数

	HM	SM	CVS
上海市	37	1925	1258
北京市	4	1	171
天津市	2	1	0
重慶市	0	1	0
黒竜江省	4	0	0
内蒙古自治区	0	12	0
遼寧省	0	0	339
山東省	1	22	0
浙江省	46	261	242
河南省	5	14	0
江蘇省	30	464	4
安徽省	12	76	0
湖北省	0	1	0
江西省	0	6	0
福建省	2	0	0
広東省	2	0	0
広西チワン自治区	4	197	0

HM：ハイパーマーケット業態
SM：スーパーマーケット業態
CVS：コンビニエンスストア業態
（出所）聯華超市2011年度マニュアルレポート。

況に大きな変化はなく,多くの外資系小売企業に消費者の満足度の面で劣っている状況となっている。クチコミサイトなどを確認してもとくに価格面での消費者の不満は多いようである[3]。このように,消費者からの評価は必ずしも高くないにもかかわらず,上位企業の位置を確保している要因は,地元経済との密接な関係にあり,そこが国有企業である聯華超市の強みである。

とくにショッピングカード(プリペイドカード)は,その関係を端的に示すものである。世紀聯華のショッピングカードは,行政機関,国有企業,民間企業が従業員に配る福利厚生カードとしての役割を担っているという[4]。例えば旧正月にギフトとして,聯華超市のシッピングカードを贈るという習慣が定着している。聯華超市自身が国有企業であることもあって,行政機関や他の国有企業における,ギフトとしての採用率は高くなる。このような結果,仮に店舗に対して何らかの不満がある消費者であっても,シッピングカードを使うために聯華超市で買い物を行うことになるのである。

表4-5 聯華超市の顧客評価

顧客満足度

順位	企業名	指数
1	ウォルマート	>76
2	カルフール	>76
3	大潤発	>76
4	ジャスコ	>74
5	メトロ	>74
6	オーシャン	>74
7	テスコ	>74
14	上海華聯	>72
19	聯華	>70

順位

順位	企業名	指数
1	大潤発	>70
2	カルフール	>66
3	ウォルマート	>66
4	オーシャン	>66
5	ジャスコ	>64
6	テスコ	>64
7	メトロ	>64
19	上海華聯	>60
20	聯華	>58

北京,上海,広州,天津,南京,武漢,成都,深圳,重慶,斉南,青島の5019サンプル
(出所)清華大学経済管理学院中国小売研究センター「中国小売業顧客満足度研究」。

（4）聯華超市の近年の戦略から見た成長可能性

　聯華超市が近年打ち出している戦略は，「集中化発展戦略」，「強店戦略」，「生鮮強化」の3つである[5]。「集中化発展戦略」は出店に関する戦略であり，いわゆるドミナント戦略のことである。2006年くらいまで，聯華超市は全国的な発展を目指すべく展開を行ってきたが，効率面や管理面での課題が出てきたために，上海を中心とする華東地区に出店の重点をシフトさせている。この集中化発展戦略は，サプライチェーン上非効率な地区からの撤退を促し，経営効率の改善に寄与するものであるといえる。また，国有企業であるため，上海地域の政府と結びつきが強いことから，地域内での出店強化は他の企業との競争にも優位に働くことになるだろう。その点で，集中化発展戦略は国営小売業である聯華超市の成長を一定程度加速させる要因となると想定される。

　「強店戦略」は，店舗の個店の強化を目指すものであり，店作り・業態開発等が含まれる。旗艦店やモデル店などの設定を通じて全体としての店舗レベルの底上げを図ろうとしている。とくに，スーパーマーケット業態は，ハイパーマーケットやコンビニエンスストアといった業態の狭間で競争力の強化が課題となっている。競争力強化への対応として「聯華生活館」という高級スーパーマーケット業態の開発や生鮮強化型，コンビニエンスストア型のスーパーマーケットなどの業態開発を目指している。実際のところ，聯華超市の場合，業績面でもハイパーマーケット業態が好調であり，店舗数では多くを占めるスーパーマーケット業態は停滞気味となっている。

　このような状況を改善するための強店戦略ではあるが，その効果は現在のところ未知数である。地域住民の身近に存在するスーパーマーケット業態の停滞が継続すれば，企業としての成長に悪い影響を及ぼす可能性もある。

　「生鮮強化」は，産地からの直接購買などを増やし，生鮮食品売場を拡大させていこうという取組みである。従来，生鮮は2つの理由から積極的に扱われていなかった。理由の1つは，農貿市場（在来市場）との競争である。鮮度や価格面で農貿市場に劣るため，消費者も生鮮食品を農貿市場で購入するのが一般的あり，上海のような大都市であってもスーパーマーケットなど

は加工食品や日用品を購入するために利用されていたという実態がある。もう1つの理由は，利益率の問題である。農貿市場との価格競争により，加工食品等に比べて十分な利益が取れていなかった。また，廃棄等のリスクもあり，小売企業の立場としては，メーカー等からの利益が確実に確保できる加工食品や日用品の売場を減らしてまで生鮮を取り扱おうという意欲が高まらなかったのである。

　ところが，農村地の活性化という国全体の政策から，政府によってチェーン小売企業による産地からの直接大量購買が推奨されるようになり[6]，「生鮮強化」が大きなテーマとなってきた。このような「生鮮強化」は，生鮮を核とする業態の開発につながり，中長期的には大きな可能性があると考えられる。しかしながら，生鮮の購入には農貿市場を利用するという消費者のライフスタイルの変更を促すことにつながるため，政策的な支援をどこまで受けることができるかにもかかってくるだろう。

（5）小括

　これまで，国有企業であるがゆえの地域との強固な結びつきが聯華超市にとっては，発展の後押しとなってきた。中国のチェーンストアランキングを見ても，上位企業の多く企業は，地域を基盤とする小売企業である。聯華超市の場合は，上海という成熟市場に基盤をおいているために，成長余力は高くないように見えるが，周辺都市・地域への拡大機会は依然として存在するものと考えられる。

　ただし，顧客評価が高くないという課題については，注意すべきであり改善が必要である。顧客評価の低さは，中長期的に見れば店舗からの客離れを加速させることになるものと考えられる。改善のためには，現在の重点政策である新業態の開発やオペレーションの見直しなど個店の競争力強化などが必要だろう。とくに標準化した店舗業態の開発は，顧客体験の改善による顧客満足度の向上だけではなく，効率性の向上にも寄与することから，優先的に取り組むことが必要な領域といえる。

4 永輝超市の発展戦略

(1) 企業概要

　永輝超市は，2001年福建省に設立された民有民営のスーパーマーケットである。業態としては，ハイパーマーケットおよびスーパーマーケットを展開している。2001年創業と，外資系小売企業の中国市場参入時期と比較しても後発企業であるにもかかわらず，表4－6に示すように，急速に店舗網を拡大し成長を遂げてきた小売企業である。とくに，全国展開が容易ではないといわれるスーパーマーケット業態において，2012年10月26日現在，遼寧，北京，天津，河南，安徽，江蘇，重慶，四川，貴州，福建などの多数の省・市で広域的に店舗展開していることが注目される[7]。2010年には上海株式市場に上場している。

　業態展開については，表4－7に示すように「永輝超市」をブランドとするハイパーマーケット，スーパーマーケット，社区店（住宅地型スーパーマーケット），「BravoYH」をブランドとする高級スーパーがある。最近（2010～2012年）の出店の主力は，ハイパーマーケットとなっている。

(2) 永輝超市の特徴：農貿市場の代替を目指す

　永輝超市が他のスーパーマーケット企業と異なる特徴としてあげられるのが，生鮮食品の重視である。中国の一般的なスーパーマーケットでは，生鮮食品の取り扱いの割合や売上構成比は低い。中国の消費者は，生鮮食品を農貿市場（在来市場）で購入する習慣があるためである。スーパーマーケットでも，生鮮食品の取り扱いを強化したいと考える企業は少なくなかったが，農貿市場での価格や鮮度を上回ることができなかった。

　永輝超市の創業者である張軒松は，永輝超市を創業する前に福建省福州市で「古楽微利超市」を数店舗営んでいた。ところが，2000年以降，好又多，メトロ，ウォルマートなどの外資小売大手も福建省で店舗を展開するようになった。古楽微利超市が経営した数店舗のスーパーマーケットは競争の激化

表4－6　永輝超市の店舗数

年　次	店舗数
2002年	9
2003年	15
2004年	22
2005年	35
2006年	48
2007年	58
2008年	77
2009年	122
2010年	156
2011年	204
2012年	389（見込）

（注）2012年10月26日現在店舗数241店。
（出所）永輝超市ホームページ。

表4－7　永輝超市が展開する小売業態

業　態	売場面積	商圏範囲	品　　目
ハイパーマーケット	1－2万㎡	半径5-20キロ	生鮮，加工食品，日用品，衣料品，インテリア，家電・電子製品，輸入商品
スーパーマーケット	5,000－1万㎡	半径3－5キロ	生鮮，加工食品，日用品，衣料品，小型家電，輸入商品
住宅地型スーパーマーケット	1,500-3,000㎡	半径1－3キロ	生鮮，加工食品，日用品
高級スーパー	2,000-3,000㎡	－	最も品質の優れた生鮮食品と輸入食品

（出所）永輝超市ホームページ。

に対応できなくなった[8]）。

　そこで，張軒松は差別化のために農貿市場に注目した。農貿市場は，管理の不十分により売場が汚く，陳列が乱雑で，その近代化は政府の悩みの種であった。にもかかわらず，農貿市場は依然として一般の顧客を集める力を持っていた。その主な原因は低価格と鮮度にあった。個人経営のテナントの野

菜，肉，魚の価格はスーパーマーケットの数分の1程度であるにもかかわらず鮮度は高かった[9]。

一方，生鮮食品は当時外資系スーパーマーケットにとっての弱点でもあった。保存期間が短く，多数な種類であるため，生鮮売場を直営している企業はほとんどなく，多くのスーパーマーケットは委託・代理のかたちで他社に任せていた。そうなると，最後の粗利益は通常6％以下である。集客力の高い生鮮食品は利益を上げるのはきわめて難しい。

張軒松は，低価格の生鮮食品を買物環境の良いスーパーマーケット売場に移し，品質を保証すれば，偽物や悪質な商品を売ったり，値段をごまかすことの多い農貿市場を代替することができると考えた。また，これにより競争力を高め，ウォルマートなどの外資小売企業に対抗する可能性が十分あると考えた[10]。

そこで，2000年から「農改超」と呼ばれる「農貿市場をスーパーに転換する」試みを行った。永輝の「農改超」の1号店である福州屏西店は2000年7月にオープンした。農貿市場の近代小売業による代替は政府の政策とも一致するものであり，2001年，福州市政府は，「農改超」計画を始めた。永輝はこういった政府の政策の後押しを受けるかたちで農貿市場を近代的なスーパーマーケットに転換させることに取り組んだ[11]。

当時こういった動きに合わせ，他の複数の企業が「農改超」に参入した。しかし，多くの参入組は成功には至らなかった。例えば，福建省最大の農業の上場企業である超大は「農改超」のために，2億8,000万元を投入すると宣言したが，数年間で店舗の経営が不振に陥り，結果的に店舗を全て永輝に譲渡することになったのである[12]。「農改超」の結果，福建省では80％の消費者はスーパーマーケットで野菜などの生鮮食品を購入することになっているという[13]。

（3）永輝超市の特徴：生鮮食品調達モデルの確立

永輝超市は，生鮮食品について700人の以上の仕入部隊を有し，30以上の遠距離調達拠点を持っているという[14]。また，全国で20以上の提携基地と200以上の生鮮単品は契約農業モデルを採用している。直接仕入の比率は76％に

達しており，物流や在庫保管などの中間段階をできるだけ省き，生鮮食品の鮮度を低価格の競争力を同時に実現させている[15]。他の小売企業がいまだ委託販売を主としていたのに対し，直接仕入の比率が76％に達していることからみても，生鮮の仕入と販売に力を入れていることがわかる。実際に永輝超市超市の売上に占める生鮮食品の割合はすでに5割を超えている[16]。

生鮮食品の調達の特徴は，産地直接仕入，産地との契約買い付け，自社による基地建設という方法を柔軟に使い分けているところにある。このうち，産地直接仕入れは水産品の直仕入れからスタートした。永輝は仕入担当を漁港に派遣し，漁業者とともに海に出たり，水揚げ直後に仕入れることも行った。また，農産品については，バイヤーを産地に駐在させ，農民とコミュニケーションをとりながら，農産物の成熟状況を把握している[17]。

契約買い付けも永輝超市が強化している仕入方式である。永輝は必要な資金，あるいは仕入れの最低価格を事前に支払い，全量を買い取る。例えば，幾つかの漁船が捕る魚の全量を買い取ったり，1つの果樹園全体の収穫物を買い付け，自社で果物の収穫やレベル分けを行うといったことである[18]。この方式によって，農貿市場に流れるはずの一定量を確保し，自社店舗だけでなく，他社への卸売業務も行い，価格支配権を得ることができている。また産地との取引において重要になるのが現金での取引である。永輝では多くの生鮮食品の取引を現金で行っている。

生鮮食品調達のため，生鮮バイヤーを育成・強化してきていることも永輝超市の特徴となっている。永輝は内部で多くのバイヤーを育成しており，商品の新鮮度とコスト管理を強化している。また，中国商報の取材によると，永輝は700人の生鮮仕入れ部隊を持っているという。「バイヤー文化」の形成により，全国各地の生鮮食品の市場情報，例えば価格，生産日付，品質などをいち早く収集し，低価格で品質がよく，かつ消費者に歓迎される生鮮食品を入手することができている[19]。

(4) 永輝超市の広域的展開

永輝超市は，福建省において，農貿市場を代替するかたちで発展してきた。また，当初調達も福建省内が中心であった。その永輝超市が他地域進出

表4－8　重慶のある地域における永輝，親世紀，重百の3店舗の価格比較

	水産類				肉類			
	ハクレン	鯉	冷凍Rainbow Fish	冷凍イカ	冷凍鶏の爪	三線肉	豚の肝	切り肉
永輝	4.58	6.58	7.98	4.98	9.5	8.3	4.5	11.5
親世紀	3.9	6.9	19.8	10.8	8.58	9.9	6.9	11.9
永輝との差額	−0.68	0.32	11.82	5.82	−0.92	1.6	2.4	0.4
差額の比率	−15%	5%	148%	117%	−10%	19%	53%	3%
重百	4.5	7	−	−	8.8	11.5	−	13.8
永輝との差額	−0.08	0.42	−	−	−0.7	3.2	−	2.3
差額の比率	−2%	6%	−	−	−7%	39%	−	20%
	果物類				野菜類			
	梨	青葡萄	青りんご	ナツメ	ピーマン	糸瓜	ナス	蓮根
永輝	1.88	2.98	2.18	1.38	0.9	1.29	0.78	1.98
親世紀	2.98	3.28	3.8	−	1.6	1.98	1.7	2.58
永輝との差額	1.1	0.3	1.62	−	0.7	0.69	0.92	0.6
差額の比率	59%	10%	74%	−	78%	53%	118%	30%
重百	2.9	2.88	3.58	2.58	1.5	2	1.29	2.2
永輝との差額	1.02	−0.1	1.4	1.2	0.6	0.71	0.51	0.22
差額の比率	54%	−3%	64%	90%	67%	555	65%	11%

(注) 価格は重慶主城の同一商圏において，2009年8月10日午前9：00-12：30に実施された店頭調査によるもの。"−"は当日当該店舗で発見できなかった商品。単位：元／500グラム。
(出所)「零售企業超市業態的創新模式研究―以商社集団和永輝超市為例」『物流技術』2011年1月，pp.25-28。

し広域的に展開し始めたのが，2004年の重慶市場進出からである。

　他地域への進出についてはいくつかの懸念が存在していた。そもそも永輝超市の成長は，その発祥の地の福建省福州市と深く関連しており，これが他地域進出の懸念事項となったのである[20]。第1に，福州は海に面しており，生鮮食材が豊富な土地で調達が比較的容易であるが，他地域に進出した際，

こうした生鮮を強みとした経営モデルがはたして展開できるのかという懸念である。第2に，福州市政府は「農改超」政策の実施に全国で最も力を入れている地方政府の1つであり，消費者がスーパーマーケットで買い物する習慣を形成させるために，さまざまな手段や措置をとってきた。そのような政策的な後押しが他の地域でも得られるのかという点が懸念される。第3に，開業当時，福州は競争相手が少なく，永輝超市の発展にとって好都合な市場環境にあった。競争が激しい他の都市で展開する際，これまでのような優位性を確保できるのかという点が懸念される。

現在のところ，上記のような懸念があるにもかかわらず，他地域への進出については順調に進んでいる。例えば重慶市では，2012年8月の時点で各種業態を65店舗展開している。実際，表4－8に示すように，重慶市のある地域の調査では，永輝超市の生鮮食品の価格が他のスーパーマーケットに比べて安いと報告されており，生鮮の強みが発揮されているといえる。

それでは，なぜ永輝超市は広域的な展開をなしえているのだろうか。生鮮食品の直営売場での展開を核としたことが，広域的展開に有利に働いたという側面が指摘できる。産地との直接取引など調達を自ら行い，店舗までのサプライチェーンを構築することで，他地域での展開も果たすことができたのである。例えば他地域における生鮮のサプライチェーンについて，永輝超市の北京地区総経理は，次のように指摘している。「永輝は物流拠点からの各店への配送方式を採用しており，果物，野菜あるいは東北の米など保存しやすい商品は本部（福建省）の物流拠点から配送する。水産品は従来の提携パートナーである南方地域のサプライヤーによって供給され，店内で養殖する。そのほか，北京の大興と南沙窩に2つの物流拠点がある。こうして，北京の店舗で販売される生鮮食品の多くは産地直接仕入れによって調達されている。」[21]

一般的なスーパーマーケットが他地域に進出する際直面する大きな問題として，加工食品や日用品，アパレルなどの商品では，国内の代理商が地域別に分かれて存在していることが指摘されている[22]。メーカーは各省など地域単位に代理商を指定し，彼らに独占的販売権を与えるのが一般的である。これにより，1つの地域で蓄積される人脈や取引の優遇を他の地域で活用する

ことが難しいといった課題が出てきているのである。

　永輝超市は，生鮮を前面に押し出すことで，一般的なスーパーマーケットの課題である流通の地域分断という課題に対して，結果的にうまく対応することができているといえる。

5　おわりに

　中国内資系の発展パターンとして，国有企業など地元政府と密接な関わりを持ち，地域での展開を中心に発展してきた企業と，ある業態に特化するかたちで地域でのドミナントないしは多地域での展開を目指してきた企業の，2つのパターンが存在することを指摘した。前者のパターンで成長できる企業は1地域に1企業集団程度であろうから，今後は後者のパターンでの成長が主流になっていくものと考えられる。後者のパターンで成功するには，永輝超市のように何を強みとするかを明確にしたビジネスモデルの確立が必要である。

　永輝超市の創業者・総経理である張軒松は，「2011中国超市生鮮食品経営模式研討会」[23]で行った外資系といかに戦うべきかに関する講演の中で，中国の内資系小売企業の発展方向について次のような示唆に富む指摘を行っている。

　「近年，外資系企業は2級，3級都市への進出をますます拡大させています。例えば，ウォルマートはすでに重慶市郊外の県に出店しています。競争が激化する中で，中小規模の小売企業にとって，自社の所在地域における優位な資源を持っていなければなりません。それが外資との競争に勝ち抜く唯一の道ともいえます。ブランド力の面では，われわれはまだ外資系企業に勝てません。

　しかし，自社の優位的な資源をさらに強化すれば，ブランド力の弱さをある程度補うことができます。例えば，同じ商圏内，自社の立地条件が悪いにもかかわらず，外資と同じ経営モデルと戦略展開をとっていては，間違いなく失敗することになります。この場合，差別化戦略をとらなければなりません。外資系小売企業は，大規模で食品，衣料品，また家電製品などにおいて

標準化された経営手法をとっています。このような強力な相手と競争する際に，われわれは例えば生鮮売場を強化したり，あるいは規模の面ではなく，買物環境を改善し，顧客に効率的で便利な買物手段（例えば5〜10分以内の買い物スタイル）を提供するなど，いわゆる差別化戦略を取り入れることによって生き残りを図ることが重要です。

　経営モデルによる差別化，それができなければ便利さの提供による差別化など新たな経営手法を自ら考え出さなければなりません。」

（神谷　渉）

1）矢作・関根・鐘・畢（2009）pp.22-26による。
2）寺嶋・後藤・川上・洪（2003）による。
3）このような口コミサイトとしてdianping.com（http://www.dianping.com/）などがある。
4）2010年10月に実施した現地消費者への筆者ヒアリングによる。
5）最初の出自は2010年聯華超市アニュアルレポート。
6）このような取り組みを「農超対接」という。渡辺（2012）に詳しい。
7）永輝超市ホームページによる。
8）『創業邦』2010年3月1日による。
9）同上。
10）同上。
11）『福建工商時報』2010年11月5日による。
12）同上。
13）『中国経営報』2009年9月7日による。
14）『証券時報』2010年12月17日による。
15）『証券導刊週刊』2010年49期による。
16）『証券導刊』2011年4月による。
17）『創業邦』2010年3月1日による。
18）『中国経営報』2009年9月7日による。
19）『中国商報』2011年1月14日による。
20）以下3つのポイントは『中国商報』2011年1月14日による。
21）『中国経営報』2009年9月7日による。
22）本研討会は，主催者である上海商学院顧国建教授の好意により，李雪が参加し，取材したものを基にしている。
23）『証券時報』2010年12月17日による。

参考文献

神谷渉（2011）「中国最大大手食品小売業「聯華超市」の研究」『流通情報』第490号（43巻1号）。

寺嶋正尚・後藤亜希子・川上幸代・洪緑萍（2003）『最新よくわかる中国流通業界』日本実業出版社。

矢作敏行・関根隆・鐘淑玲・畢滔滔（2009）『発展する中国の流通』白桃書房。

渡辺達朗（2012）「中国・内資系小売企業における「農超対接」の取り組み―大規模小売と農業生産者との直接取引等のための連携―」『流通情報』第496号（44巻1号）。

「永輝超市把生鮮従鶏肋変成奶牛」『中国経営報』2009年9月7日。

「永輝超市―生鮮挑戦者―」『創業邦』2010年3月1日。

「永輝超市錯位競争解決異地拡張難題」『証券時報』2010年12月17日。

「永輝超市民生超市敢為天下"鮮"」『証券導刊週刊』2010年，49期。

「"永輝模式"成就超市龍頭」『証券導刊』2011年4月。

「永輝超市批量拡張仍存三大隠憂」『中国商報』2011年1月14日。

「10年，年銷售額過百億，全国門店146家，全国零售業100強 永輝超市是怎様錬成的」『福建工商時報』2010年11月5日。

「零售企業超市業態的創新模式研究―以商社集団和永輝超市為例―」『物流技術』2011年1月，pp.25-28。

中国における日系小売企業の発展戦略：

第5章

日系 GMS，CVS を事例として

1 はじめに

　本章では，日系小売企業の中国への進出状況を明らかにし，今後の課題を展望することを目的としている。対象とする小売業態は，大型スーパー，スーパーマーケット，コンビニエンスストアという3つのセルフ販売業態とする。最初に全般的状況を明らかにしたうえで，企業ケーススタディとして，大型スーパーとスーパーマーケットについてはイオンおよびイトーヨーカ堂の事例を中心に，コンビニエンスストアについては，セブン‐イレブン，ローソン，ファミリーマートの事例を中心に取り上げる。

2 日系小売企業の中国進出状況

（1）中国の小売業態区分

　本章では，日系小売企業の状況を業態別に整理し，現状の課題と今後の方向性について述べる。まず，中国の小売業態の区分を確認しておく。中国商務部は，2004年，従来の基準を修正し17業態に分類した「小売業態分類国家基準」を制定・公表した（表5－1）。この基準では，テレビショッピングなど5つの無店舗小売販売方式が新たに加えられた。

　この17の業態のうち，本章ではセルフ販売業態である大型スーパーマーケット（以下では大型スーパー），スーパーマーケット，コンビニエンススト

表5－1　小売業態分類国家基準

店舗を持つ小売業の業態分類		無店舗販売業態分類
食雑店（タバコ，飲料などの小規模販売店）	百貨店	テレビショッピング
便利店（コンビニエンスストア）	専業店（特定分野の商品を専門に売る小売店）	郵購（通信販売）
折扣店（ディスカウントストア）	専売店（特定ブランド商品などを専門に売る小売店）	網上商店（インターネット販売ショップ）
超市（スーパーマーケット）	家居建材商店（家具・インテリア用品店）	自動售貨亭（自動販売機による小売店）
大型超市（大型スーパーマーケット）	購物中心（ショッピングセンター）	電話購物（テレフォンショッピング）
倉儲会員店（会員制ホールセール店）	厂家直銷店（メーカー直販センター）	

（出所）中国商務部HP「小売業態分類」国家基準（2004）。

表5－2　小売業態分類

業態	大型スーパー	スーパーマーケット	コンビニエンスストア
販売方式	セルフ方式による販売		
売場面積（m²）	6,000以上	6,000未満	800〜1000
取扱い商品数	約20,000	約5,000	6カテゴリー以上
商圏	25分以内	10〜15分	5分以内
主要顧客層	・ファミリー層	・主婦層（住宅地域の住人等）	・学生 ・サラリーマン
プライシング	・低価格 ・Hi－Low	・やや低価格 ・Hi－Low	・やや高価格 ・定価販売
品揃え・販売形態	・日常生活に必要なアイテム全般を揃える（食品，日用雑貨品，衣料品，家電商品等） ・PB商品を積極展開	・食料品を中心に，最寄性の高い雑貨を揃える	・食料品を中心に，消費者の緊急需要に役立つ商品を揃える ・食品及び飲料売上高のシェアは70〜80％
その他の特徴	・大容量駐車場の設置	―	・長い営業時間 ・便利な場所に立地

（出所）寺嶋・他（2003）および中国商務部の定義を基に作成。

表5-3　中国に進出している日系小売企業の店舗数（2012年6月現在）

企業名	展開業態	総店舗数（店）
イトーヨーカ堂	GMS・SM	15
イオン	GMS・SM	34
セブン‐イレブン	CVS	739
ローソン	CVS	355
ファミリーマート	CVS	903
ミニストップ	CVS	39

(注) 1. GMSは大型スーパー，SMはスーパーマーケット，CVSはコンビニエンスストアを示す。
2. セブン‐イレブンの店舗数には，セブン‐イレブンジャパン以外が展開している広州等の店舗数も含む。また，香港，台湾の店舗を含まない。

表5-4　中国に進出している日系小売業の店舗数の増減

企業名	展開業態	総店舗数		増　減
		2002年12月	2012年6月	
イトーヨーカ堂	GMS・SM	2	15	+13
イオン	GMS・SM	8	34	+26
セブン‐イレブン	CVS	93	739	+646
ローソン	CVS	96	355	+259
ファミリーマート	CVS	0	903	+903
ミニストップ	CVS	0	39	+39

(注) GMSは大型スーパー，SMはスーパーマーケット，CVSはコンビニエンスストアを示す。
(出所) 寺嶋・他 (2003) および各社ホームページ，アニュアルレポートより作成。

アを対象とする。大型スーパーには，ハイパーマーケット，スーパーセンター，ホームセンター，総合スーパーが含まれる。

　これら3業態の定義は，以下のようにまとめられる。大型スーパーは売場面積が6,000m^2以上，取扱商品数が約20,000で，日常生活に必要なアイテム

全般を取り揃えている業態である。スーパーマーケット売場面積が6,000㎡未満，取扱商品数が約5,000で，食料品を中心に取り揃えている業態である。コンビニエンスストアは売場面積が800〜1,000㎡で，食料品を中心に取り揃える業態である。各業態の特徴を整理すると表5－2のようになる。

(2) 日系小売企業の出店状況

2012年6月時点で，中国に進出している主要な日系小売企業の大型スーパー，スーパーマーケット，コンビニエンスストアの出店状況をまとめると表5－3のようになる。

これらの店舗数は，約10年前と比べてどの程度増加しているのだろうか。表5－4は，2002年12月の上記チェーンの店舗数と，2012年6月時点の店舗数を比較したものである。すると，大型スーパーおよびスーパーマーケットは2002年と比べて，10〜20店程度しか店舗数が増えていないことがわかる。一方で，コンビニエンスストアは，セブン‐イレブンとファミリーマートが着実に店舗数を増やしており，ファミリーマートは1,000店を突破する勢いとなっている。

以下では，業態別ごとに企業別の動向を確認していく。

3 日系大型スーパーおよびスーパーマーケットの中国進出状況

(1) 欧米系小売企業との比較

前節において，日系の大型スーパーおよびスーパーマーケット業態の店舗数は，約10年前と比べて大きく伸びていないことを確認したが，他の外資系企業はどのような状況であろうか。

そこで，主要な外資系大型スーパー企業と日系小売企業の店舗数推移を比較してみた（表5－5）。すると，カルフールは167店増，ウォルマートは267店増と，10年前に比べて大きく店舗数を増やしていることがわかる。また，中国内での年間販売額をみると，日系小売企業は店舗数が欧米系より少ない

表5－5　中国に進出している大型小売企業の店舗数の増減

企業名	展開業態	総店舗数		増　減
		2002年12月	2012年6月	
イトーヨーカ堂	GMS・SM	2	15	+13
イオン	GMS・SM	8	34	+26
カルフール	HM	32	199	+167
ウォルマート	SC	19	286	+267

（注）1．GMSは大型スーパー，SMはスーパーマーケット，CVSはコンビニエンスストアを示す。
　　　2．ウォルマートの店舗数は，ハイパーマーケット業態のみで，ネイバーフードマーケットやサムズクラブの数字は含んでいない。
（出所）寺嶋・他（2003）および各社ホームページ，アニュアルレポートより作成。

図5－1　外資系小売企業の中国内での年間販売額

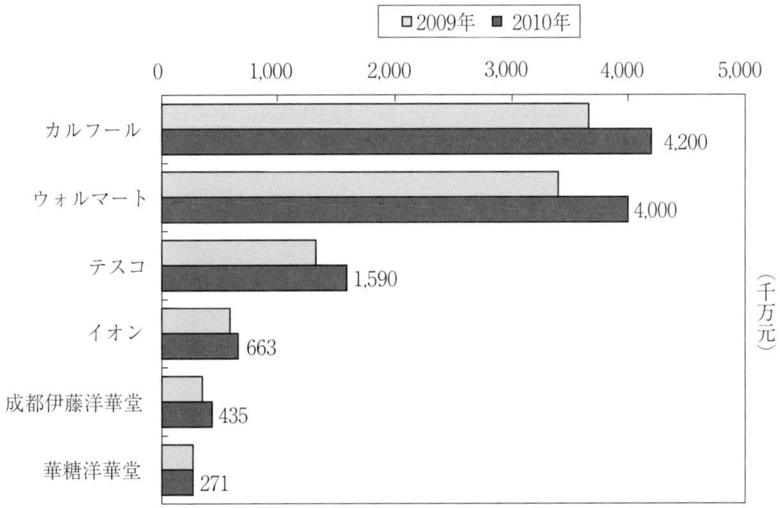

□2009年　■2010年

企業	販売額（千万元）
カルフール	4,200
ウォルマート	4,000
テスコ	1,590
イオン	663
成都伊藤洋華堂	435
華糖洋華堂	271

（出所）中国連鎖経営協会発表の資料を基に筆者作成。

ため，カルフールやウォルマートの10分の1以下の水準にあることがわかる（図5－1）。日系小売企業が欧米系小売企業に比べて，出遅れ感があることが確認できる。

(2) イオンおよびイトーヨーカ堂の中国進出状況

それでは，ここから具体的な企業の事例についてみていこう。

イオンは1995年に広東ジャスコチームストアーズを設立し，1996年7月に中国第1号の「ジャスコ天河城店」を広東省広州市にオープンした。2007年には北京市に「Beijng Aeon Co. Ltd（永旺商業有限公司）」を設立し，現在では北京，青島，広州などに店舗を展開している。

イトーヨーカ堂は，1996年に成都市に成都イトーヨーカ堂有限会社を設立し，同市内に店舗をオープンした。その後も1997年9月には北京市に「華糖ヨーカ堂有限会社」を設立，2004年11月には北京市に「王府井ヨーカ堂有限会社」を設立し，現在は北京，成都などに店舗を展開している。

両社の中国戦略はこれまで対照的な動きを示してきた。イオンは表5－6に示すように，早期の100店舗体制を目指して積極的な中国出店戦略を掲げてきたが，諸事情により，現状でも40店弱の展開にとどまっている。その要因の1つとして，経営効率の見直しがあげられる。2009年2月期のグループ全体の連結決算で赤字になったため，経営効率化のため，中国での出店ペースを落とした[1]。

一方，イトーヨーカ堂は表5－7に示すように，慎重な出店戦略ではあるが，着実に店舗を増やしている。同社は，出店そのものに慎重な姿勢を示しており，「1店舗，1店舗をそれぞれの地域で成功させるのがイトーヨーカ堂の経営」[2]と考えている。その結果，北京，成都の店舗が黒字化するまでに3年かかっており，以後も出店店舗が黒字に転換してから新規出店にとりかかるため，ゆっくりとしたペースとなっている。

このように両社は，すでに100店以上展開している欧米系小売企業から大きく水をあけられた状況にある。このような状況は，両社の経営理念・経営状況以外に，中国進出を阻害する要因によりもたらされたといえる。

(3) 日系小売企業の中国進出阻害要因

日系小売企業の中国進出阻害要因[5]として，まずカルフールなど欧米系小売企業が，地方政府とのネットワーク構築，柔軟なパートナー提携により，

表5-6　イオンの中国戦略

時　期	計　　　画
2001年12月	広東省中心に出店攻勢。2006年末までに70店に増やす計画
2004年9月	イオンチャイナを広東省深圳に設立。早期に50-100店体制目指す
2007年4月	2012年には100店体制目指す
2008年8月	2010年までに100店舗に広げる方針
2009年6月	100店体制は，2012年度末に延期

（出所）イオンHP，各種新聞記事3)より。

図表5-7　イトーヨーカ堂の中国戦略

時　期	計　　　画
2001年2月	2003年にかけて中国で2-4店舗出店。成都でも新規出店を目指す
2003年2月	北京を中心に毎年1店舗+αで積み上げる
2004年5月	北京オリンピックをにらみ，2008年までに成都を含め12店体制に
2005年5月	2010年までに北京市内に20店を出店予定

（出所）イトーヨーカ堂HP，各種新聞記事4)より。

積極的な出店を図ってきたことがあげられる。地方政府は，著名な欧米系小売企業を誘致することにより，自らのステイタスを上げることにつながるため，その誘致に非常に積極的である。また，投資会社や不動産会社などをパートナーとすることで，店舗開発と街づくりを合わせて行うことが可能となる。小売企業側は開発によって顧客の獲得を期待でき，また開発前の出店のため土地・建物の賃貸料などのコストが低い。不動産開発では，有力な欧米系小売企業を誘致することで有利な不動産価格を設定できる。

　一方，日系小売企業は店舗数が少ないため，いつまでもコストが高いという問題に直面している。欧米系小売企業と異なり，合弁企業が商業者である

ことがほとんどのため,出店コストが高い。法律やルール,社内の手続きを重視しすぎるため,出店までに時間がかかるといった問題に直面し,積極的な店舗出店を果たせないのが現状である。

しかしながら,総売上規模では欧米系に劣るものの,1店舗当たりの売上は欧米系を上回っている。図5−2に示すように,とくに成都伊藤洋華堂の1店舗当たりの売上は非常に高い水準にある。イトーヨーカ堂グループ全店舗の中でも上位に位置する店舗が多く,2号店の双楠店の売上は年間18億5,000万元に達する。また,イオンの1店舗当たりの販売金額は2億元を超えており,他の小売企業と比べても相対的に高い売上を示していることがわかる。

(4) イオンとイトーヨーカ堂の今後の展開

欧米系小売企業に比べて出遅れ感が否めないが,ここ数年,イオン,イトーヨーカ堂も中国へ積極的に進出することを考えている。

イオンは,今後中国をはじめとしたアジア事業を強化する方針であり,グループ全体の投資総額8,300億円中2,075億円を中国・アセアンに投資す

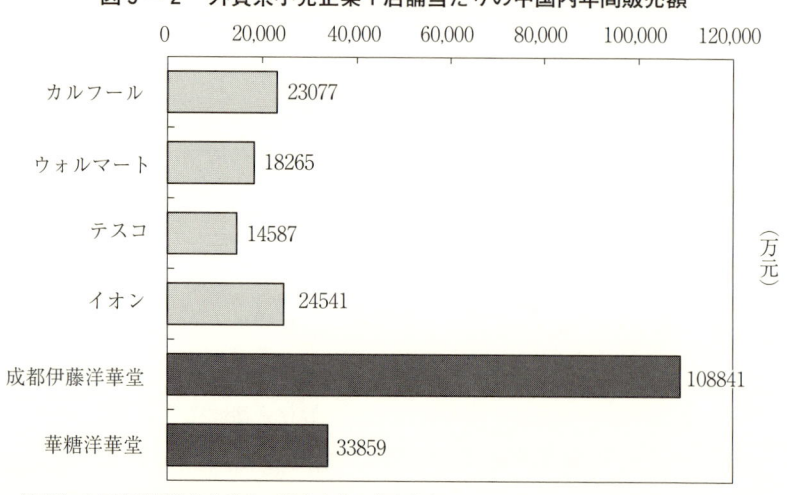

図5−2 外資系小売企業1店舗当たりの中国内年間販売額

企業	販売額(万元)
カルフール	23077
ウォルマート	18265
テスコ	14587
イオン	24541
成都伊藤洋華堂	108841
華糖洋華堂	33859

(出所)中国連鎖経営協会発表の数字を基に筆者作成。

る[6)]。すでに，2011年に北京に中国本社を設立しており，そのもとに現地法人4社を傘下に置き，商品調達や物流などの機能を集約し，商業施設の清掃・管理等を一元化することで，コスト削減，サービスレベルの均一化を目指すといった戦略を打ち出している。

また，同社では，「マルチフォーマット戦略」を取り入れる予定である。すなわち，モータリゼーションの進展で郊外化が進む地域にはモール型ショッピングセンター等の展開を図る一方，都市化の進展する成熟地域には都市型の総合スーパーやスーパーマーケットを展開し，ショッピングセンターについては2015年度までに10〜15店ほど開業する計画という。

ショッピングセンターの展開では1級都市，2級都市を出店候補地としており，2011年度は0箇所，12年度は1箇所，13年度は5箇所にとどまるが，2014年度からは2桁出店にペースアップする方針である。物件開発体制強化のため，広東，蘇州等の事務所を常駐体制とし，土地を取得せず，現地ディベロッパーからリースする方式をとる予定である。また，有力テナントが少なく，同質化が進んでいることから，中国に進出していない日本の有力専門店の誘致に努めている。

スーパーマーケットの展開としては，1号店のジャスコ友誼城店は，月収5,000〜6,000元の26〜35歳の女性をターゲットとしていた。今後，深圳，広州，北京，天津の4都市に積極的に出店していく計画であり，2015年までに30店舗を展開する計画である。

物流・品揃えに関しては，今後は日本型の共同配送のシステムに変えていきたいと考えており，プライベートブランドとして中国版トップバリュの開発を強化する方針である。

他方，イトーヨーカ堂は，北京も成都も出店余地はまだあると考えており，とくに成都では積極的な出店を目指す[7)]。2011年秋，成都洋華堂として初の大型ショッピングセンターとして5号店を開店した。日本の有力専門店に加えて現地の人気テナントなど300〜400で構成されている。成都洋華堂では，売上規模を10年後に2009年の10倍とすることを目指している。

北京では，市内から郊外へ出店戦略を変更している。これまでは市内3km商圏を対象に展開してきたが，家賃高騰により，郊外に家を求めている人も

増えてきているため出店戦略を大きく変える。

　商品は，プライベートブランドを海外で生産・販売する。日本のプライベートブランドで培った取引先やノウハウを活用して，成長市場の開拓を狙う。亀田製菓などがすでにプライベートブランド生産を行っている。

(5) その他の日系小売企業の中国進出

　イオンおよびイトーヨーカ堂以外の日系小売企業の大型スーパー，スーパーマーケット業態での進出状況がどのようになっているかをみてみよう。イズミヤ，ユニー，マルエツが出店，または出店を予定している。

　イズミヤは，蘇州に百貨店として2011年に出店した。これは，蘇州市政府から出店要請を受けたものであり，中国関係者が高品質・高感度の店舗に興味を持った点や，すでに平和堂が百貨店で出店して成功している事例を参考にして，百貨店としての進出を決定した。「安全・安心な食スタイルの提案」，および「高感度・高品質なファッションライフの提案」が基本コンセプトである。3年後に単年度黒字化，7年後に投資回収を見込んでいる[8]。

　ユニーは，2010年10月にユニー（ケイマン）ホールディングスを設立しており，出資比率はユニーが70％，頂新が30％である。2013年末に上海に1号店，アピタ上海金虹橋店をオープン予定である[9]。

　ダイエーは，2010年12月上海で専門店ビルOPAを開業しており，さらなる店舗展開に向けて，2011年3月に上海などで市場調査を開始している[10]。

　またマルエツは，中国家電量販店最大手である蘇寧電器集団との合弁により，2013年にスーパーマーケット業態で店舗展開を開始することを発表した。2017年度までに100店体制とすることを目標としており，5年間での急速な出店について一部で懸念する声もある。しかし，蘇寧電器の店舗網を活用することで，効率的な出店が可能との見方もある[11]。

4 日系コンビニエンスストアの中国進出状況

（1）日系コンビニエンスストアの店舗数推移

　次に日系コンビニエンスストアの中国進出状況についてみていこう。表5－8は，2002年12月の総店舗数と，2012年6月時点の日系コンビニエンスストアの店舗数を比較したものである。セブン‐イレブンが2002年に比べて大きく店舗数を増やしているのに対して，ローソンは200店強の増加にとどまった。ファミリーマートは進出が他社よりも遅かったが，すでに900店舗超の店舗網を誇っている。

　ローソンの中国での展開は2012年6月時点では，上海華聯羅森（ローソン），重慶羅森，大連羅森の3法人に分けて行われている。大連には2011年9月に進出した。上海華聯羅森，重慶羅森の2009年12月期，2010年12月期の営業総収入と営業利益は，図5－3のとおりである。上海羅森は収入が減少したものの，営業利益は増加した。重慶羅森は2010年より営業を開始しており，営業総収入は30（百万円）であった。

　ファミリーマートは，国別の事業動向を明らかにしていないため，アジア事業の営業総収入と営業利益を確認した。図5－4に示すように，アジア事業全体で2009年から2010年にかけて，営業総収入は対前年比110.0％，営業利益は130.8％と増加傾向にあることがわかる。

表5－8　日系コンビニエンスストアの中国内での店舗数の増減

企業名	展開業態	総店舗数		増　　減
		2002年12月	2012年6月	
セブン・イレブン	CVS	93	739	+646
ローソン	CVS	96	355	+259
ファミリーマート	CVS	0	903	+903
ミニストップ	CVS	0	39	+39

（出所）寺嶋・他（2003）および各社ホームページ，アニュアルレポートより作成。

図5－3　ローソンの中国での業績推移

（1）上海華聯羅森

営業総収入（百万円）／営業利益（百万円）
- 2009年12月：営業総収入 6,312、営業利益 1
- 2010年12月：営業総収入 5,402、営業利益 14

（2）重慶羅森

- 2009年12月：—
- 2010年12月：営業総収入 30、営業利益 −47

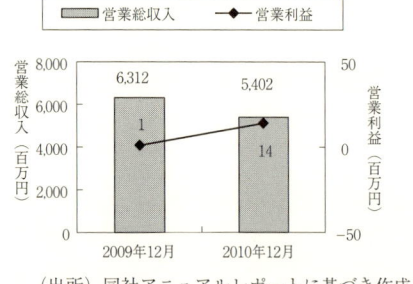

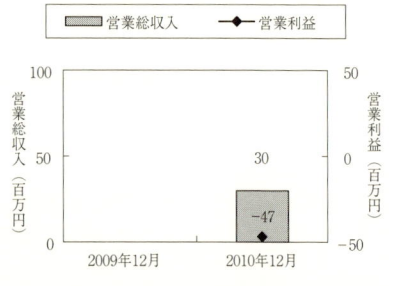

（出所）同社アニュアルレポートに基づき作成。

図5－4　ファミリーマートのアジア事業の業績推移

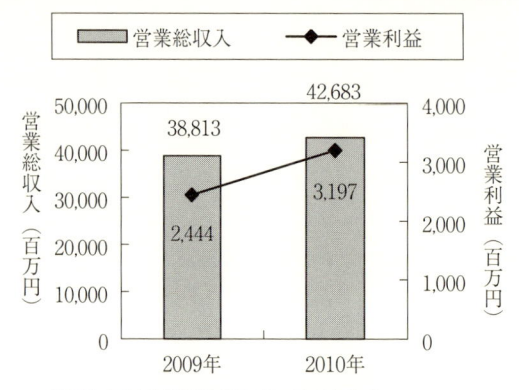

営業総収入（百万円）／営業利益（百万円）
- 2009年：営業総収入 38,813、営業利益 2,444
- 2010年：営業総収入 42,683、営業利益 3,197

（出所）同社有価証券報告書に基づき作成。

（2）各社の状況

　日系コンビニエンスストアは，大型スーパー，スーパーマーケット業態に比べると，着実に店舗数を増やしている。しかし，セブン‐イレブンは2008年までに北京市内だけで350店展開することを目標として掲げ（2005年時点），ファミリーマートは2010年までに3,000店を目標として掲げ（2001年時点），ローソンは将来的に1,000店の出店を目指す（1996年時点）としてきたことからすると，各社とも目標を達成していない。

理由としては，2004年になってようやく中国政府からフランチャイズチェーン展開の許可が下りたことや，北京・上海など沿岸部を中心に家賃が高騰したことがあげられる。また，中国の税制度が日本のフランチャイズチェーン制度とミスマッチを起こすことも原因の1つである。日本のように加盟店の電気代を本部が負担すると税がかかるため，本部はそれを負担しないことが一般的であることから，加盟店の負担が増えてしまうのである。さらに，加盟店の店主として店を運営できる人材が不足していることや，条件のよい立地は内資系コンビニエンスストアにおさえられてしまう傾向にあるといった問題も，各社ともに目標を達成できていない要因といえる[12]。
　以下，各社の戦略について簡単に整理する。

① ローソンの戦略

　ローソンは，1996年に上海へ進出し，2010年に重慶にも進出したが，上海では店舗数の伸び悩みに直面している。理由としては，上記のような各社が抱えている問題も要因としてあげられるが，同社独自の要因としては，2006年から意識的に出店を控えていることがあげられる。これは，中国市場への進出が他社よりも早かったため，店舗の老朽化が進んでいるのが関係している。同社では，現在，老朽化した店舗の改装に注力しており，接客サービスの向上，品揃えの見直しを図っている。
　また，中国の流通大手華聯集団と合弁会社上海華聯羅森の現地化を進めることで店舗展開を加速化するため，2003年には上記合弁会社におけるローソンの持ち株比率を70％から49％に下げた。しかし，現地化を進めたものの出店は進まず，逆に上記のような店舗の老朽化，サービスレベルの低下が指摘された。そのため，2011年に再度百聯集団より株式を取得し，上海華聯羅森の経営権を委譲した。これにより，商品開発力，接客・クリンリネスレベルの高い日本式のコンビニエンスストア展開を加速する方針である[13]。

② セブン‐イレブンの戦略

　セブン‐イレブン・ジャパンは，2002年に北京へ進出し，2009年に上海・天津，2011年に成都へも進出した。北京の業績は比較的好調に推移してい

る。

　セブン‐イレブンの店舗は，日販が14,000〜15,000元で内資系コンビニエンスストアよりも3〜4倍高い水準にある。店内に厨房を設けファーストフード店機能を取り込むなど，ファーストフードを主体とした差別化商品の開発が成功要因としてあげられる。品揃えは外資系メーカーの商品を主力とし，台湾統一集団の自社ブランド商品や，中国の生産のプライベートブランド，セブンプレミアム（2010年6月より販売開始）などを積極的に取り扱っている。

　上海など北京以外の都市にも進出している。上海は競争が激しいため，ある程度既存企業の店舗が整理されてから進出する予定であった。上海ではフランチャイズ権を統一超商に与え，現地会社を設立し，市場調査を先に進めてから，約1年後の2009年に1号店を出店した。味には上海料理の特徴を取り入れ，ファーストフードは北京のセブン‐イレブンよりも低い価格で提供するなど，市場特性に合わせた調整を行っている[14]。

③　ファミリーマートの戦略

　ファミリーマートは，2004年に上海，2006年に広州，2007年に蘇州と漸次進出地域を拡大してきた。上海では，若い世代に支持が高いところに特徴がある。ブランド力とホスピタリティの高さから，地下鉄駅構内に出店するコンビニエンスストアとしてファミリーマートが選ばれた。また，パンの調達先を一本化することによって，店ごとにばらつきのあった風味などを改善するなど商品の品質改良や，消費者志向の商品開発に努めている。

　フランチャイズチェーンの加盟店については，自社の社員を対象とした社内融資制度による「のれん分け」制度を導入しており，経営理念や店舗運営の基礎を理解した社員を対象にフランチャイズ店の展開を任せている。そのため，加盟店は社内融資制度を活用した従業員の独立が大半を占めている[15]。

（3）今後のコンビニエンスストア業態の展望

　表5－9は上海市内で展開している内資系および外資系（日系）の主要な

コンビニエンスストアの店舗数を示している。2006年時点ですでに5,600店を超えており，1店舗当たりの支持人口は約2,500人と，オーバーストア状況にあるといわれている（何 2011）。そのため，今後上海地域で大幅な店舗増加を見込むのは難しい状況にあるといえる。

そこで日系各社は，上海など沿岸部から内陸部への進出を強化する方針を打ち出している[16]。まずローソンは，新たに大連へ進出し，さらに重慶で2015年までに300店舗の開店を見込んでいる。さらに，今後は他社のコンビニがない都市を狙っていく方針であり，北京，天津，東北部，広州，上海の周辺部も視野に入れている。

セブン‐イレブンは，北京では黒字を計上する月もあるという。また，すでにイトーヨーカ堂が定着している成都での展開には積極的で，2011年3月，2店舗を同時にオープンし，さらに2012年内に60店舗を突破した。また，上海での店舗数を150店まで増やす予定である。なお，上海でのフランチャイズ権を委ねている統一超商はいっそうの現地化方針を打ち出してお

表5－9　上海市内の主要なコンビニエンスストアの店舗数

	2006年		2010年		FC店舗数			
					2006年		2010年	
	店舗数（店）	構成比（％）	店舗数（店）	構成比（％）	2006年	店舗全体に占める構成比（％）	2010年	店舗全体に占める構成比（％）
好徳，可的	2,256	40.2	2,322	37.6	303	13.4	51	2.2
快客	1,972	35.2	2,016	32.7	849	43.1	1,081	53.6
良友	602	10.7	550	8.9	258	42.9	270	49.1
ファミリーマート	115	2.0	413	6.7	10	8.7	156	37.8
光明	289	5.2	359	5.8	59	20.4	165	46.0
ローソン	291	5.2	321	5.2	216	74.2	243	75.7
喜士多	85	1.5	191	3.1	10	11.8	115	60.2
内資系	5,119	91.2	5,247	85.0	1,469	28.7	1,567	29.9
外資系	491	8.8	925	15.0	236	48.1	514	55.6

（出所）何（2011）。

り，台湾から14名の社員を上海に移動させ，彼らが上海現地の従業員を接客から在庫管理までトレーニングする方針という。さらに2012年7月には青島へ進出している。

ファミリーマートは，2011年に杭州，2012年には成都に進出し，2020年までに8,000店に増やすことを打ち出している。将来的には中国でのコンビニエンスストア市場シェア3割を獲得する目標を立てている。なおファミリーマートでは，頂新グループとの提携を強化する方針であり，2011年7月に合弁会社の出資比率を60％弱に引き上げ，出店戦略立案などの本社機能を一本化させた。

他企業では，ミニストップが青島イオンとの合弁（ミニストップ60％，青島イオン40％）で，2009年夏から青島での店舗展開を開始している。商品はほぼ中国で調達しており，一部商品は青島イオンの調達網を活用している。店内調理品の販売構成比を日本の9％から20％以上に引き上げることで，主婦層の需要を獲得することを目指している。2010年より，住宅地への出店を開始し，売場面積も繁華街よりも小さな店舗で展開することでコスト削減を狙っている。

5 おわりに

表5－10は，深圳を除く1級都市における2010年の1人当たりGDPとその前年比を示したものである。どの地域も前年に比べて10％以上1人当たりGDPが成長していることが確認できる。

北京，上海など沿岸部の都市においても，1人当たりGDPは2ケタ以上成長しているが，北京110,000元，上海は120,000元とすでに10万元台を突破しており，今後さらに大きな増加は見込みにくい。また，すでに外資系を中心にさまざまな小売企業が展開していることから，新たに進出するとなると競争関係も厳しい。

一方，重慶，成都，武漢，西安など内陸部の都市は，1人当たりのGDPの増加率が高く，大きな成長がしばらく期待できる。すでに内陸部に進出している日系小売企業も存在する。例えば，重慶にはローソンが2010年7月よ

表5−10　中国一級都市の1人当たりGDP (2009-2010年増加率)

都市名	1人当たりGDP（元）	GDP前年比（%）
北京	112,208	115.0
天津	93,664	122.0
瀋陽	69,727	117.1
大連	87,957	118.3
哈尓濱（ハルピン）	36,943	115.4
上海	121,545	113.1
南京	81,127	120.8
杭州	86,330	115.9
済南	64,735	116.5
青島	74,200	116.6
武漢	66,520	120.3
広州	133,330	116.0
重慶	23,992	120.4
成都	48,312	122.3
西安	41,413	118.9
1級都市全体	69,608	117.3

（出所）中国国家統計局の数字より筆者作成。

り進出している。成都にはイトーヨーカ堂とセブン‐イレブンが進出している。このように，「沿岸部から内陸部へ」という動きが進むことが予想される。

　内陸部へ小売企業が進出した際，日系メーカーに求められるのは，内陸部に進出した際の物流体制の構築である。とくにチルド関連の内陸部への物流を行っている企業は少なく，対応が求められる。

　また，都市部での出店は家賃高騰への対策が必要である。繁華街から住宅街，都市から郊外への出店が進んでいくものとみられ，今後はショッピングセンターの出店が進むことが予想され，日系小売企業の対応が求められるだろう。

（矢野尚幸）

1）「日本経済新聞」2009年6月5日より。
2）「日経流通新聞」2001年2月20日より。なお、同社では現在でもその姿勢を変えておらず、1店舗ずつ着実に利益を上げながら出店を進める戦略をとっている。
3）「日本経済新聞」2001年12月16日、「日本経済新聞」2004年9月14日、「繊研新聞」2007年7月2日、「読売新聞」2008年8月23日、「日本経済新聞」2009年6月5日を基に作成。
4）「日本経済新聞」2001年2月10日、『生活起点』2003年2月号、「日本工業新聞」2004年5月26日、「日本経済新聞」2005年5月25日を基に作成。
5）陳立平「中国零售业的发展现状和课题」（流通経済研究所「2011年度第2回中国チェーンストア政策研究会」報告より）。
6）「イオン株式会社中期経営計画」2010年10月26日、「日本経済新聞」2011年2月8日、「日経MJ」2010年12月10日、「日本経済新聞」2010年3月4日、『SC JAPAN TODAY』2010年7月・8月号、「日経MJ」2011年6月20日、「日刊工業新聞」2010年9月29日、『激流』2010年12月号、「中国連鎖経営協会」2010年9月13日、「第一財経日報（中国）」2010年3月24日を基に作成。
7）「日本経済新聞」2010年12月27日、「繊研新聞」2010年4月15日、「日本経済新聞」2010年12月1日、『激流』2010年12月号、「日経MJ」2010年6月23日を基に作成。
8）「NNA ASIA」2011年4月15日、『激流』2008年12月号、『激流』2010年12月号を基に作成。
9）「ユニー株式会社ニュースリリース」2010年10月13日、「食品新聞」2011年3月4日を基に作成。
10）「日経MJ」2011年4月25日を基に作成。
11）「日本経済新聞」2012年8月21日・22日、『チェーンストアエイジ』2012年10月号を基に作成。
12）「日経ビジネス」2009年5月4日、『週刊ダイヤモンド』2003年11月22日を基に作成。
13）「日本経済新聞」2003年5月3日・2011年10月24日、「株式会社ローソンニュースリリース」2011年10月21日。
14）「日刊工業新聞」2008年1月25日、『チェーンストアエイジ』2004年9月号、「日本食糧新聞」2008年11月28日、『月刊コンビニ』2009年7月号、「日経MJ」2010年6月23日、『激流』2004年12月号、「日本経済新聞」2008年5月29日、「環球企業家（中国）」2009年6月22日を基に作成。
15）「日本食糧新聞」2006年9月20日、「日本経済新聞」2007年2月8日、「中国図書商報」2008年10月7日号、「日経ビジネス」2009年5月4日号、「株式会社ファミリーマートアニュアルレポート」2011年2月を基に作成。
16）「日本食糧新聞」2006年9月20日、「日経ビジネス」2010年9月13日、『東洋経済』2010年9月18日、「日経MJ」2010年7月23日、「毎日経済新聞（中国）」2011年3月10日、「環球企業家（中国）」2011年3月7日、「日刊工業新聞」2010年1月11日、「日本経済新聞」2011年1月13日、「読売新聞」2011年5月29日を基に作成。

参考文献

寺嶋正尚・川上幸代・後藤亜希子・洪緑萍（2003）『最新よくわかる中国流通業界』日本実業出版社。

何理海（2011）「上海便利店発展現状及経営模式探析」中国連鎖経営実戦網，3月28日。

第3部
メーカーのチャネル戦略

内資系飲料メーカーの
チャネル戦略：

第6章

飲料メーカー娃哈哈（ワハハ）の事例を中心に

1 はじめに

　本章では，中国最大の飲料メーカーである娃哈哈（Wahaha：ワハハ）の事例を取り上げ，同社が独自に展開した連銷体というチャネル戦略に焦点を当てる。飲料市場は，ほとんど改革開放以降に形成されたものであり，莫大な人口規模，生活水準の上昇，またライフスタイルの変化により，近年その需要が急速に拡大している。

　一方，飲料市場において，外資系と内資系企業の間では激しい競争を見られている。コカ・コーラやペプシコが1980年代初頭に中国への進出を果たし，炭酸飲料市場では寡占的地位を築いた。非炭酸飲料市場において，台湾食品大手の頂新や統一は果実飲料や茶飲料の分野で寡占体制を形成している。強力な外資系企業との競争に対抗し，現在国内首位に成長したのはワハハである。とくに，同社の独特なチャネル戦略がその成長を支えた大きな要因となっている。

　浙江省杭州市に本社を構えるワハハは，子供向け乳酸菌飲料，純浄水，炭酸飲料，果汁飲料，茶飲料を主力商品とし，全国29省・市の58基地に150の生産子会社を持つ企業グループである。2009年度の生産量は1,024万トンであり，全国総生産量の12.7％を占める。2011年度の売上高は678億5,504万元に達している。

　本章の構成は次のとおりである。2節では，まず中国飲料産業の全体状況について概観し，外資・内資系企業の競争構図を整理する。3節と4節で

は，ワハハのチャネル戦略の内容，展開経緯，競争激化に伴う戦略調整について分析する。5節でワハハのチャネル戦略の特徴をまとめたうえで，近年ワハハの動きに注目する。

2 中国飲料産業の競争構図

(1) 飲料産業の状況

　中国国家基準による飲料分類では，酒精分0.5%未満の飲料が軟飲料（ソフトドリンク）とされ，その原料や製品の性質により，炭酸飲料，果汁・果実飲料，野菜飲料，乳性飲料，植物たんぱく飲料，飲料水，茶飲料，固体飲料，特殊用途飲料，その他飲料の10種類に規定されている[1]。飲料製品の場合，重量や容積当たりの低単価，全国展開のための輸送費用や配送効率の観点から，消費地立地型の生産構造となっている。また，購買頻度が高く，時間をかけず手近で購入する最寄品であることから，いかに販売チャネルを確立するかもきわめて重要である。

　表6-1に示すように，飲料全体の年間生産量は，1986年の184万トンから2008年に6,415万トンへと増加し，2010年にはさらに1億トンを突破し，1億1,762万トンに達した。地域別の生産量をみると，2008年で最も多いのは広東の1,213万トンで，2位は浙江の642万トンである。飲料消費は生活水準の高さや，夏季の気温などの気象条件に影響される。また，消費地立地の生産体制により飲料工場が集中する傾向が見られる。一方，人口の多い河南，山東，四川などの省でも経済成長に伴う需要増を背景に，生産量が増加してきた。そのほか，貴州，雲南，寧夏，新疆，チベットなど比較的発展が遅れて，人口規模が小さく，従来ほとんど飲料の生産を行わなかった地域でも，近年生産量の拡大が見られるようになった。

　また，飲料市場の成長・拡大に伴い，図6-1に示すように，製品構造も大きく変化した。各製品分野の生産量はともに増加していたが，1980年代に大半を占めていた炭酸飲料はその後相対的に縮小傾向に陥り，2009年ではわずか15.5%となった。一方，飲料水のシェアは39.1%に高まった。その理由

表6－1　地域別ソフトドリンクの年間生産量の推移（1986－2008年度）

（単位：万トン）

地域	1986	1990	1995	2000	2005	2006	2007	2008
全国	184	330	1128	1491	3380	4220	5110	6415
北京	9	13	29	66	146	195	189	216
天津	3	9	42	42	81	124	96	170
河北	2	6	28	84	185	184	183	163
山西	0	3	5	26	19	27	35	39
内モンゴル	2	2	26	5	10	125	125	115
遼寧	27	36	108	47	143	157	251	322
吉林	10	14	26	25	102	111	129	305
黒竜江	13	14	37	11	44	72	103	119
上海	10	16	53	132	224	229	248	252
江蘇	11	14	54	92	159	191	240	226
浙江	8	16	170	292	331	337	537	642
安徽	2	7	21	12	24	36	52	89
福建	3	9	37	40	111	152	190	224
江西	2	4	11	10	39	50	52	95
山東	3	9	48	29	194	254	266	343
河南	4	7	24	25	138	193	322	491
湖北	14	19	55	64	135	173	220	293
湖南	2	4	8	12	62	72	66	49
広東	39	92	213	351	747	961	986	1213
広西	2	11	34	18	77	86	88	129
海南	－	2	31	22	28	28	30	31
重慶	－	－	－	21	61	93	108	143
四川	11	15	43	36	120	156	210	247
貴州	0	1	4	3	16	20	25	31
雲南	2	3	8	4	5	76	95	120
チベット	－	－	0	0	0	1	1	4
陝西	2	3	7	12	104	131	167	181
甘粛	0	2	2	1	11	40	36	93
青海	0	0	0	2	0	0	0	27
寧夏	0	0	0	1	2	5	11	11
新疆	1	2	4	6	16	41	50	60

（出所）『中国食品工業年鑑』各年版より作成。

図6－1　製品別飲料生産量の推移（2000–2009年度）　　（単位：万トン）

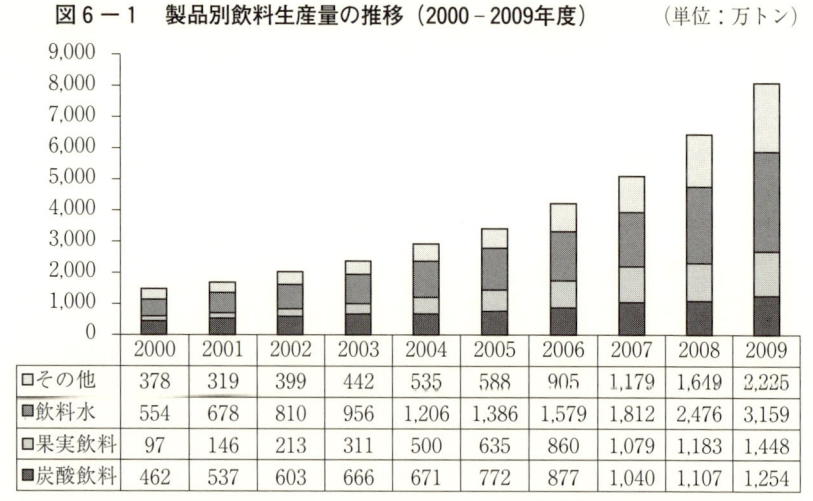

	2000	2001	2002	2003	2004	2005	2006	2007	2008	2009
その他	378	319	399	442	535	588	905	1,179	1,649	2,225
飲料水	554	678	810	956	1,206	1,386	1,579	1,812	2,476	3,159
果実飲料	97	146	213	311	500	635	860	1,079	1,183	1,448
炭酸飲料	462	537	603	666	671	772	877	1,040	1,107	1,254

（注）飲料水にはミネラル・ウォーターや逆浸透膜により濾過した水の飲料商品が含まれる。また，飲料水の容器形態においてペットボトル入り，また宅配の大型容器がある。
（出所）『中国食品工業年鑑』各年版より作成。

としては，人口規模による市場拡大だけでなく，ライフスタイルの変化に伴う外出の増加や健康意識の高まり，水汚染問題の拡大などがあげられる。また，果実・果実飲料も，栄養訴求や健康志向の飲料製品に対する需要の増加に伴い，2000年代半ば頃までシェアを拡大した。その他の飲料製品について，茶飲料や乳性飲料，コーヒー飲料が増加し，近年そのシェアが高まりつつある。

（2）飲料業界の競争状況

飲料市場の成長・拡大や製品構造の変化に伴い，業界構造が激変してきた。国有国営企業がリードした1980年代，民営企業の躍進が見られた1990年代，外資系と内資系企業が激しく争った2000年代といった発展段階ごとの変化がある一方，製品別に競争優位を持つ企業が異なるといった現象も見られた。

中国市場にいち早く進出を果たした外資系のコカ・コーラやペプシコは炭酸飲料を中心に拡大し，とくに1990年代以降，国営炭酸飲料企業との合弁に

より，コーラ市場の約8割を占めるに至った。他方，台湾食品・流通大手の頂新（康師傅）や統一は非炭酸飲料，果実や茶飲料に特化し，多様な品揃えを展開しながら，2000年代初頭からコーラ市場と同様の寡占体制を築いた。

　こうした外資系企業の大規模な展開の中で，国内企業にとって成長することは容易ではなかった。1980年代当時の中国の飲料製造業界では，製造面の効率化だけに注目し，計画経済の統一生産・統一分配に慣れていた国有国営飲料メーカーは，有効なマーケティング戦略の展開や販売チャネルの確立を怠り，90年代半ば頃多くは外資系企業に飲み込まれることになった。一方，炭酸飲料以外の1つか2つの商品分野に特化し，消費需要の拡大に伴い，急成長してきたのは民営企業であった。例えば，茶飲料の河北旭日，乳酸菌飲料と飲料水の広東今日とワハハ，植物たんぱく飲料の海南椰樹と河北露露，果実飲料の海南椰風と北京滙源は1990年代末頃までに上位にランキングされるようになった。しかし2000年以降，外資系企業との競争激化，市場や流通構造の変化により，多くの企業が経営不振に陥った。優れたマーケティング展開によって成長ブームに乗り，一時的に拡大できたとしても，商品開発，生産，物流，販売などの機能調整やマネジメント体制の整備をきちんと行えなければ，持続的な成長を図るのは困難である。

　こうした中で，表6－2に示すように，2010年現在，軟飲料製造の上位10社のうち唯一内資系で，しかも首位を占めているのがワハハである。同社のこれまでの成長を支えてきたのは，「連銷体」と呼ばれる販売チャネル戦略である。日本の「流通系列化」[2]に類似するこの戦略は，広域で地域性が異なり，小規模の卸売業者が多数存在する中国市場の状況に対応するために，同社が独自に開発したものである。また，ワハハは連銷体チャネルを外資系企業との競争に対抗するための有力な手段としている。次節では，その連銷体チャネルの内容，特徴および構築された背景を明らかにする。

表6－2　軟飲料製造企業の上位10社（2010年度）

	企　業　名	資　本
1	杭州娃哈哈保健食品有限公司	内資系（ワハハ）
2	可口可楽裝瓶商（東莞）有限公司	外資系（コカ・コーラ）
3	広州頂津食品有限公司	外資系（頂新）
4	楽天奥的利飲料有限公司	外資系（ロッテ）
5	広州頂津飲品有限公司	外資系（頂新）
6	広東太古可口可楽有限公司	外資系（コカ・コーラ）
7	東莞雀巣有限公司	外資系（ネスレ）
8	杭州中萃食品有限公司	外資系（コカ・コーラ）
9	百事（中国）有限公司	外資系（ペプシコ）
10	康師傅広州飲品有限公司	外資系（頂新）

（出所）中国報告網 http://www.chinabaogao.com により作成。

3　ワハハの「連銷体」チャネル

（1）初期の展開

　ワハハの前身は，1987年5月に設立された杭州市上城区小学校の購買部（「校弁企業経銷部」と呼ばれる）である。購買部は公立小学校の系列企業であるため，一種の国有企業の性格を持っていた。この購買部の経営を請け負ったのは，同学校の系列工場で働いていた宗慶後という人であった[3]。彼は現在にわたり経営を携わっており，強いリーダーシップとカリスマ性の持ち主である。

　「娃哈哈」（Wahaha）ブランドを確立させたのは，子供専用の健康食品の展開である。当時，市場に種々の健康食品が販売されていたが，その多くが中高年向けであり，子供専用のものはほとんど空白であった。宗氏はこうした空白の市場に注目し，専門家の協力を得て，サンプル試作から量産体制の整備までわずか3カ月間で，食欲増進効果のある「娃哈哈児童栄養液」を1988年10月に発売した。商品名の「娃哈哈（Wahaha）」は，新疆民謡のタイトルで，笑い声を音写しており，子供にとっても発音・記憶しやすい言葉であ

った。宗慶後は全国に普及したこの歌を借りて，商品やブランドを想起させることが商品の普及につながると考えた。

　販売チャネルにおいて，ワハハは主に従来の国営チャネルを活用し，とくに糖煙酒，副食品，医薬品分野の国営卸売企業およびその2次，3次卸を通じて都市を中心に販路を拡大した。当時，国営企業が自社の商品を多く仕入れるように国営の卸売企業や小売企業に頼んだりすることが多くあった。しかし，宗氏はこれが本当の消費者のニーズではなく，単なる在庫移転に過ぎず，結果的に市場需要をつかめず，資金回収難を生じさせると考えた。そのため，ワハハはまず市場開拓の計画を立て，有効な広告宣伝を行い，消費者に商品やブランドを浸透させたうえで販売チャネルを拡大することにした。

　また，販売地域は，浙江省の地域市場にとどまらず，上海，天津，北京，広州，鄭州，成都など市場を拡大し，限られた資金を一つひとつの市場に集中させ，短時間で最大効果を上げようとした。こうして，「娃哈哈」の商品は全国で大ヒットし，ワハハの売上高は1988年の469万元から1990年には1億元を突破するまでになった。

　しかし，この後，健康食品による誇大広告，健康被害，詐欺などの社会問題が続発したことから，宗氏は成長が維持できる次なる主力商品を探し，ついに子供向け乳酸菌飲料への参入を決めた。乳酸菌飲料は，製造技術が比較的シンプルで常温保存も可能であり，同じく子供をターゲットとするため，ブランドのシナジー効果が得られると考えたからである。

　また，この間需要の拡大に生産が追いつかず，宗氏は政府の指示のもと，多額の負債を抱えていた杭州市内の国営缶詰工場を買収した。当時，180人規模のちっぽけなワハハが約2,000人規模の国営企業を買収したことは，国内で大きな議論を呼び，社員からの反対意見も多かった。宗氏は反対を押し切って買収を進め，組織改革を行い，缶詰工場をいち早く乳酸菌飲料の増産体制に組み込んだ。好調な販売に支えられ，ワハハは1993年に生産高6億元，税込利益1億5,700万元に達し，急成長を遂げたワハハは国内で大きな注目を集めた。

（2）連銷体チャネルの構築

　しかし，急成長の裏でワハハは深刻な問題を抱えていた。1990年代に入り，政府主導の流通改革により，行政区域などに基づき設立されていた3次制卸売機構の撤廃や統合，「三固定」（供給する地域，対象，価格の固定化）など流通政策の廃止，卸売業への自由参入の許可が行われた。1990年代にかけて，各地で食品や雑貨，衣料品の卸売市場や自由市場が普及し，卸売市場を拠点とした個人経営の卸売商が急速に増加した。

　こうした背景から，ワハハは販売チャネルの重点を国営のチャネルから，卸売市場を拠点とする個人経営の卸売商チャネルへ移行させた。乳酸菌飲料の販売について，主に卸売商を通じて広域的に拡大し，とくに個人商業が盛んな農村地域の販路を確保した。しかし，個人経営の卸売商チャネルを通じて急速に各地の市場に参入することができた反面，彼らの短期的な取引志向や低い信頼性により，売上代金回収難の問題も生じた。1993年時点で流通段階における未回収資金は1億元にのぼり，同年売上高の16.7％を占めた。これにより，営業担当はほとんど売上代金の回収だけに追われることになった。

　代金回収の問題に対応するために，1994年初頭，宗氏はワハハの全国卸売商大会において「保証金制度」の実施を発表した。保証金制度とは，卸売商が年間販売額の10％を保証金（預かり金）としてワハハに前払いし，その支払状況に応じて，ワハハが年末に同期銀行利息より高いリベートを付けて卸売商に返却するという制度である。また，保証金制度をもとに，ワハハは卸売商を組織化し，「連合銷售共同体」（連銷体）と呼ばれる独自のチャネル組織を展開し始めた。同年7月から，各地で約1,000社の卸売商を選別し，これらを特約卸として「連銷体」契約を結んだ。

　連銷体の契約内容は次の3つである。第1に，特約卸は年間売上規模の10％を保証金としてワハハに支払い，一定の地域内における独占的販売権を与えられる。第2に，保証金の範囲内において，ワハハは特約卸の要求に応じて優先的に商品を供給することを保証する。第3に，契約を履行し，また期限内に支払いを終了した特約卸に対し，ワハハは保証金を返却するほか，同期

銀行の利子率より高い利息を支払う。一方，契約を履行しなかった特約卸に対し，保証金から契約違反による損失分の代金を差し引く。

実際，保証金制度の導入と連銷体チャネルの構築は，代金回収難への対応だけでなく，流通チャネルにおける個人経営の卸売商の短期的取引志向や無秩序な販売行為を抑制することに目的があったと考えられる。ワハハは特約卸に対し定期的に調査や評価を行い，1年ごとに契約更新する。契約違反をしたり，年間販売計画を達成できない特約卸については，年間10～20％の割合で淘汰した。これにより，特約卸に自ら経営能力を高めるようにさせる一方，販売実績の高い特約卸のための奨励政策を設けた。当初，特約卸は専売店ではなく併売店であったが，取引規模の拡大につれ，ワハハの商品のみを取り扱う業者も増えた。

連銷体は直営や代理販売とは異なり，ワハハと特約卸との利害関係を一体化した，いわゆる中間的販売組織である。特約卸にとって，その支払い条件はかなり厳しく，強い資金力や健全な経営体制が求められた。一方，契約を履行すれば，その見返りはかなり魅力的なものであった。

連銷体チャネルを構築する一方，実際ワハハは小売店との直接取引を試みたこともあった。1995年，ワハハは全国30の省級都市に一定数の小規模な小売店を選び，乳酸菌飲料の商品を中心に統一配送，統一価格での現金取引を実施した。中間段階を省くことにより，低価格化を実現させると同時に，小売末端へのコントロール力を強化し，販売情報の収集や偽物の排除を目指した。また，これに合わせ，ワハハは全国に営業所を設け，営業人員を約400人に増やした。

しかし，こうした施策を約半年間実施した結果，多数の小売店との直接取引には管理コストが上昇し，配送効率も低下した。また，連銷体チャネルと並列されることで，市場の取引秩序を混乱させ，とくに2次，3次卸の利益率が圧迫されることになった。そのため，宗氏は直営取引方針を撤回し，卸売商チャネルへの統制を強化しようと考えるようになった。

（3）連銷体チャネルの強化

ワハハにとって，連銷体チャネルを維持するには，需要の大きい有力な商

品を持つことが重要である。乳酸菌飲料の一商品だけでは，市場規模に限界があるため，宗氏は市場の潜在的需要の大きい新たな商品を探し始めた。1995年，宗慶後は海外視察を通じて，宇宙飛行士のために開発された飲料水（中国では「太空水」と呼ばれる）を知り，それを中国市場に導入しようと考えた。飲料水は1980年代半ば頃から中国市場に登場し，その多くはミネラル・ウォーターであった。経済発展に伴う水汚染の問題の深刻化により，その需要は増加し続けた。しかし，ミネラル・ウォーターは水源の立地に制限され，輸送のコストが高く，全国展開が難しい。一方，逆浸透膜（Reverse Osmosis: RO）による濾過技術を応用し，水道水を浄化し商品化する飲料水，いわゆる太空水の全国展開が可能である。こうして，宗氏は飲料水の生産に乗り出すことを決めた。

しかし，新規事業の展開に伴う多額な資金が必要であるため，ワハハは1996年2月，フランス食品メーカーのダノンからの出資を受け，合弁契約を結んだ。翌1997年から四川省広元市，安徽省巣湖市，湖北省宜昌市と紅安県，河北省高碑店市，湖南省長沙市などの華中，華北地域に生産子会社を設立し，「銷地産」（消費地立地生産）戦略を取り入れ，全国的な生産体制を構築し始めた。

生産体制の整備に伴い，宗氏は全国的な販売ネットワークの強化に取り組んだ。1996年頃から一連のチャネル政策を打ち出し，特約卸だけでなく，2次卸以下の取引チャネルへの統制を強化しようと考えた。1996年からワハハは2次卸とも契約を結び，2次卸が特約卸に保証金を支払うように指示した。

また，全国展開に伴い，ワハハは新たな問題に直面した。各地域の経済発展の不均衡や消費水準の差異により，仕入れ価格の低い地域で仕入れ，販売価格の高い地域に移動させて販売する，「沖貨」と呼ばれる卸売商の販売行為が多く行われた。

これに対し，ワハハは地域販売責任制を実施し，地域ごとに取引秩序の維持を強化した。特約卸の資金力やその2次，3次卸の販売ネットワークの取引範囲により，販売エリア（テリトリー）を合理的に分割・調整し，テリトリーを超えた販売行為や同一テリトリーにおける卸売業者間の競争を抑制し

た。また，比較的大規模な特約卸を選別する一方，地域市場の需要をより深く掘り出すために，意図的に特約卸のテリトリーを縮小させた。

地域販売責任制の実施に続いて，宗氏は取引価格体系の構築に取り組んだ。彼は，メーカーと卸売商との関係は「コントロールする」ことと「コントロールされる」ことであり，経営者の能力は主に「何を，いかにコントロールするか」といったことに反映されると考えた。「何をコントロールするか」については，マージン（差益），テリトリー，商品，市場開拓のペースといった4つのものがあげられる。これらのうち，とくに重要なのはマージンのコントロールであり，3〜4の取引段階を経ても，各取引業者が必ずマージンを取れる「合理的」な利益配分が保証されることが，チャネルの取引秩序を維持する前提とされた。こうして，ワハハは商品別に特約卸から2次卸，小売店まで各取引段階のマージン配分を設定し，卸売価格が一定幅の中で維持されるように取引秩序の維持を図った。

このように，ワハハは保証金制度，地域販売制度，再販売価格維持制度の三位一体の制度により連銷体の組織化を行った。しかし，メーカーにとって卸売業者の販売行為をコントロールすることは容易ではない。連銷体の管理の強化や地域間の乱売問題に対応するために，ワハハは次のような対策を実施した。第1に，各地域に出荷する包装箱に製造番号や日付を印字し，配送先などをすべて記録する。契約違反の場合，番号と記録によって追跡する。第2に，社内に専門部署を設け，特約卸が販売地域等の契約を守っているかを定期的にチェックするために担当者が全国的な巡回を行う。テリトリー制を維持するための保証金を設け，違反行為が発覚された場合，ワハハはその保証金を没収する。

（4）営業体制

実際，ワハハは特約卸，2次卸に対し契約でフォーマルに「縛り」をかけるだけでなく，信頼や人間関係に基づく長期的な取引関係や相互依存のパートナーシップを構築しようとした。すなわち，ワハハは契約により卸売商の販売行為を統制・監督すると同時に，自社の営業部隊により品揃え，在庫管理，販売促進などの手厚い販売支援を行い，共同で市場開拓するといった販

売方針を定めた。一部の地域では，特約卸は資金や倉庫，運搬作業員のみを提供し，その他の販促機能をワハハの営業組織によって補うこともあった。

1997年頃，各地の営業所が分公司（販売支社）に切り替えられ，ワハハの主要営業人員は杭州本部で集中的にトレーニングを受けてから各地に派遣された。彼らは定期的に本社に戻り，現地の状況を報告するとともに，本社の指示を受けた。こうして，各分公司は本社と一体化され，管理がしやすくなり，情報のフィードバックが素早くできるようになった。営業組織については，当初少数の営業人員を各地に派遣し販売業務を進めていたが，取扱い規模の拡大により，現地で営業人員を採用することになった。

また，「地区経埋制」と呼ばれる体制を取り入れ，すなわち省レベルの地区行政単位に「分公司」（販売支社）を設け，1人の「省経理」（省の営業責任者）を配置し，省全体の販売目標や販売計画の作成，地域内の特約卸と2次卸の配置，卸売商会議の開催などの業務を担当させた。そして，各省内の2級都市に1人の「地区（域）経理」を配置し，地域内の広告企画，大型販促活動の企画・実施，地域内の価格体系と販売責任制の実施状況の確認などの業務を担当させた。

1990年代後半までに，ワハハは約40人の省級経理と約200人の地区経理，および各地域市場で採用された現地の営業人員約1,000人の営業組織を構築していた。営業人員に対し，厳格な選抜と研修を行い，公平な業績評価制度と賞罰制度を設けた。省経理から営業人員までの全員が卸売商への訪問を定期的に行い，問題を抱えている卸売商の相談に乗ったり，共に市場開発を進めた。

このようなワハハの連鎖体チャネルと営業組織の関係を図6－2のようにまとめることができる。ワハハは独立資本の卸売商の自立化を図り，彼らの不備な機能を補完しながら自社のマーケティング政策によってコントロールしようとした。こういったチャネル戦略は，実は日本の流通系列化に類似している。中国において，ワハハの連鎖体は製造業者が全国の多段階の卸売業者を組織化し，自社にとって統制可能なチャネルを構築するのは初めてであり，チャネル組織における大きな革新と見られている。

地理的広さと複雑さを持つ中国市場において，ワハハは各地域の有力卸売

図6－2　連鎖体とワハハの営業組織

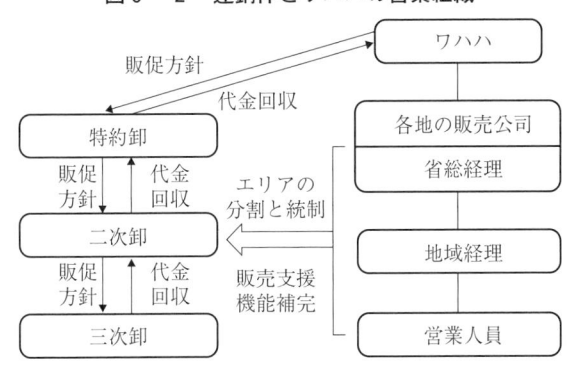

```
         販促方針        ┌─────────┐
    ←──────────────    │  ワハハ  │
         代金回収        └────┬────┘
                              │
┌─────────┐              ┌─────────────┐
│ 特約卸   │              │各地の販売公司│
└─────────┘              ├─────────────┤
  販促│ │代金            │  省総経理   │
  方針│ │回収  エリアの  ├─────────────┤
┌─────────┐ 分割と統制   │             │
│ 二次卸   │ ←────────── │  地域経理   │
└─────────┘  販売支援    ├─────────────┤
  販促│ │代金  機能補完  │             │
  方針│ │回収            │  営業人員   │
┌─────────┐              └─────────────┘
│ 三次卸   │
└─────────┘
```

業者を活用することにより，自ら直営チャネルを展開するよりはるかに低いコストで統制可能なチャネルを展開した。卸売商の力を活用して，ワハハは全国各地，とくに卸売商の活動が活発である地方都市や農村地域で強固な販売ネットワークを構築した。また，連鎖体により，商品の販売動向の把握，安定した市場価格の実現，偽物氾濫の抑制などが可能となったが，ワハハにとって最大の効果は豊富なキャッシュフローの実現であった。売上代金回収の問題はほぼ解消され，毎年特約卸からの保証金は原材料の仕入れや広告契約に使用することもできた。

4　競争激化とチャネル調整

（1）チャネル統制の強化

　1990年代末頃から，中国の飲料業界では競争が激化する一方であった。ワハハは，全国的な生産・販売ネットワークが徐々にでき上がりつつあった1998年に，コカ・コーラやペプシコに挑み，敢えて炭酸飲料市場に参入した。また，2001年に茶飲料，2002年に果実飲料を発売し，総合飲料メーカーへと脱皮しようとした。しかし，こうした製品分野は，いずれも外資系企業が寡占体制を築いており，ワハハの参入は容易なものではなかった。また，

製品自体の差別化が困難であるため，同質化による価格競争がますます激しくなった。これは，多段階取引や価格体系の維持を前提とするワハハの連鎖体チャネルにきわめて不利な状況となった。

　チャネル統制をさらに強化するために，ワハハは2001年から3年間かけて，販売ネットワーク全体を「蜘蛛の網」のようにクローズド化し，秩序ある流通システムの中で自社のチャネルを運営するという実験を始めた。これは，すなわち一定のエリアごとに特約卸1社を設定し，ワハハが契約により指定する2次卸のみに商品を供給し，さらに2次卸はワハハが指定した範囲内の3次卸や小売店とのみ取引するといった取引のネットワークである。いわゆる一店一帳合制に近い仕組みといえる。これを実現するために，ワハハはまずテリトリーを改めて分割し，新たな設定基準を設け，卸売商の再選別を行った。

　特約卸に対し，そのテリトリーの設定を当初省・市といった行政単位による分割手法から徐々に商品や取引の流れによる分割・調整に変え，基本的に商圏人口100万人，年間販売額500万元以上の地域に1社を設けることとした。また新たな選定基準として，経済力や信用力，マネジメント力が高く，広い販売ネットワークや物流機能を持ち，鉄道沿線あるいはワハハの生産子会社の輸送半径内に立地するといった項目を設けた。実際，これまでワハハの特約卸は比較的規模が小さかった。売上規模100万元以下の特約卸は企業数では47.6％を占めていたが，売上高ではわずか7.3％に過ぎなかった。これらの特約卸に対し，契約終了もしくは2次卸への降格という措置をとった。

　また，2次卸については，最低25店の小売店ないし3次卸の販売ネットワークおよび物流機能を持つことを前提に，商圏人口5万人，年間販売額25万元の地域に1社という原則で販売地域が重複しないように再配置した。販売チャネルの秩序を維持するため，2次卸の売上規模を特約卸の半分以下とし，他社商品を併売する比較的大規模の2次卸とは契約しないこととした。また，県また郷・鎮レベルの地域や交通不便地帯にとくに2次卸を設け，農村地域でのチャネル展開の再強化を図った。

　このように，ワハハはチャネルの統制において，戦略の重心を当初の特約

卸の系列化による連鎖体の構築から，2次卸，3次卸および小売店までの販売ネットワークのコントロールに移していった。これは，競争の激化につれ，市場に近い末端の販売組織までを把握することで，より細かく市場の変化に対応しようとしたことによる。

　また，ワハハは2001年から全国を華南，西北，華北，華東と浙江の5つの地域に分割し，それぞれに「大区経理」と「大区助理」をおき，地域内の省級分公司を管理する体制を取り入れた。また，チャネルの再編・強化，とくに2次卸のコントロール強化といった方針に対応し，省級経理の下にさらに「区域経理」を設け，県級の顧客経理や郷・鎮，街の「顧客経理助理」を増やし続けた。

　しかし，大区経理制は組織階層の多段階化による管理上の混乱をもたらすだけであったため，2001年末から組織の再調整を行い，「大区」といったエリア分割を廃止し，省級の管理単位に戻した。また，翌年に省級副経理制を取り入れ，従来のように1人の地区経理が1つの行政地区単位を管理するのではなく，3～4人の省級副経理が1つの省を管理もするといった体制に変わった。管理地域の設定は各省の状況や担当経理の能力も考慮した。

　一方，地域的な営業組織の調整とともに，ワハハは「跑単員」と呼ばれる小売店頭を訪問する短期雇用の営業人員を急増させた。一般的に，省経理はワハハの杭州本社から派遣される正社員であり，区域経理や顧客経理は現地で雇用し，本社に社員登録を行う。一方，末端の営業人員は営業組織の中で最も不安定な雇用契約のもとにある。各省の分公司と卸売商は共同で彼らを管理し，給料の支払いにおいては卸売商が建て替えし，ワハハが年末にそれを卸売商に払い戻す。最も多いときは，短期雇用の営業人員が8,000人規模に達した。

　しかし，2002年と2003年の売上増加率は16％にとどまっていたのに対し，急激に膨らんだ営業組織を管理するのに多大なコストがかかり，また特約店への強引な資本参加と現金の要求など区域経理や営業人員の不正行為が多発した。2003年11月から，ワハハは十数人の監察チームを作り，全国の営業組織の規律を整える一方，階層組織の簡素化や，営業人員の選別・削減を行った。一部優秀な営業人員を2級顧客経理に昇格させたり，あるいは新たに設

けられた販促企画や新製品の市場開発を担当する「市場開拓人員」に転換させた。それ以外の営業人員は解雇し，営業組織全体を5,000人規模までに削減したのである。また，2004年からワハハは業績評価を調整し，とくに区域経理の任務と責任を強化し，年間25％の区域経理をワハハの正社員に切り替えた。

（2）都市市場への進出

　これまで，ワハハは連鎖体チャネルにより農村市場に強いネットワークを築いた。その象徴といえたのは，コカ・コーラの手が届いていなかった農村市場を中心に，コーラ市場で約15％のシェアを占めるようになったことである。しかし，その後コカ・コーラは農村市場への進出を加速し，2001年から卸売商との関係を緊密化するための「101計画」を実施した[4]。また，頂新は2000年から3年間をかけて4,000万米ドルを投じて「通路精耕」戦略を実施し，即席麺を中心に再び販売チャネルの改革を行った。すなわち，全国を東西南北中の5つの大区を分け，300の営業拠点と139の倉庫を持ち，約5,000社の卸売商，55万の小売店を網羅する販売ネットワークを展開したのである。

　外資系企業が農村市場への浸透を拡大する一方，ワハハは都市市場の開拓に力を入れた。そのために，都市向け商品の開発を強化し，純浄水，炭酸飲料，茶飲料のほか，機能性飲料，ゼリー，向日葵の種，ビタミンCサプリメント，即席麺など約300の製品ラインを持つようになった。また，2004年5月に市場開拓部と市場企画部を設け，販売チャネルの細分化を始めた。同年6月末から8月初めにかけて，上海，重慶，成都，南昌の4つの都市市場における営業担当を対象に，製品と販売チャネルの市場受容度の調査，消費者へのプロモーション活動，チャネルと消費風土の把握などを内容とする市場開発のための研修を行った。これらの都市は人口規模や消費特徴が異なっていることから，この研修によって都市市場の特徴を類型化し，さらに全国各都市で研修を実施するための準備とした。

　しかし，都市への進出は容易ではなく，大都市では広告傘，路地看板，店頭看板，POPなどの販促道具がすでにコカ・コーラやペプシコなどの外資

系飲料メーカーに占拠され，自動販売機，体育館，テニスコート，食堂，デパートなどのレジャーや商業施設にも外資系ブランドの広告やポスターが多く見られた。また，農村市場と違って，都市市場ではメーカーの商品力やブランド力，小売店への交渉力などが要求され，売場確保から商品陳列，店頭の在庫管理・補充システムなどを含めた総合力が必要とされる。さらに，大規模小売企業との取引には入場費，バーコード費，祝日費などさまざまな費用徴収が伴うとともに，支払サイトが長いため，より多くの販売コストがかかる。

　都市市場の開拓を強化しようとしワハハは，都市市場においても基本的に既存の連銷体チャネルを通じて販売しており，大規模小売企業との直接取引をほとんど行われていない。宗氏は，直接取引が自社の強みである連銷体の取引秩序を混乱させ，さまざまな費用徴収がコスト増をもたらし，長い支払サイトはキャッシュフローを悪化させる危険性があると考えたからである。例えば，フランスのカルフールと直接取引する場合，チャネル維持の費用は年間50万元にのぼるのに対し，卸売商を通じて取引すると，ワハハにとって費用がわずか10万元にとどまる。また，ワハハの営業部隊は，卸売商とのやり取りに慣れているが，大規模小売企業との交渉に経験が少なかった。それだけでなく，商品力やブランド力の弱さもあり，交渉が難航するケースが少なくなかった。

　直接取引を行わないワハハに対し，都市部の大規模小売企業は大きな不満を抱いた。卸売商を通じた取引は，品揃えがヒット商品に限定されており，店頭管理も散漫で欠品が多く見られた。そのため，ワハハは都市市場において主要チャネルを外資系のハイパーマーケットではなく，むしろ中堅規模の内資系小売企業とした。同時に，卸売商に「精耕細作」（きめ細かな市場開拓）や末端への販促力の強化を要請した。

　都市市場へのチャネルの拡大において，ワハハは商品力，品揃え，営業などの面において経営資源の不足や従来の強みであったチャネル資源の不適合といった問題により，大きな壁にぶつかるようになった。さらなる成長拡大のために，上述の問題のみならず，ワハハの組織体制と資源配分においても，地域対応が不十分であることや不合理な生産・物流・販売構造の問題が

浮上した。

（3）情報システムの導入

　2003年，ワハハの杭州以外での生産量が初めて杭州地域のそれを超え，全体に占める比率は2002年の42.7％から60％に上昇し，銷地産戦略が本格的に確立されるようになった。杭州以外の工場の生産能力は，大きい場合に4〜5ライン，小さい場合1ラインとかなりばらつきがあった。進出当初現地の需要を一定程度考慮したとしても，その後，製品多様化や地域需要の変化により，生産構造がかなり偏るようになった。そのため，製品の地域間調整が頻繁に行われており，長距離輸送は大幅なコスト増をもたらした。

　2003年までに，ワハハは全国に38の営業所，69の生産子会社，2,000社の特約卸と1万2,000社の2次卸からなる生産・販売ネットワークを持つようになった。しかし，生産と販売に関する意思決定や基本方針は，すべてカリスマ的経営者である宗氏一人の意思によって動かされてきていた。製品ラインの拡張，生産・物流・販売ネットワークの拡大が同時進行する中で，ワハハは機能間の有効な連携と物流コストの削減を目的に，2003年半ばからアクセンチュア（Accenture）と提携し，ERP（Enterprise Resource Planning：企業資源計画）という情報システムの導入に取り組んだ。翌年8月末にワハハはすべての生産や出荷業務を停止し，36時間をかけて全国にある46の通過型物流センターと完成品倉庫，24の杭州倉庫の実際の在庫状況をすべてR/3システムの初期データとして入力した。続いて，10月に各子会社のR/3システムを連携するAPO（Advanced Planner and Optimizer）の導入がスタートした。

　APOは卸売商の立地，輸送時間，輸送手段など一定の要素条件を考慮し，輸送計画を作成することができるため，ワハハはAPOの稼働により，売上高の7％を占める完成品の輸送コストを5％に削減することを期待した。しかし，先進国の市場環境をベースとしたAPOは，多数の特約卸や広域で複雑な販売網を持つワハハの事情と，多様な交通手段と輸送ルートが混在する中国の事情への対応が不十分であった。とくに物流コストの削減を目的に進めた混載輸送は，通常以上に複雑なものであり，うまく機能しなかった。約

70の生産子会社と2,500の特約卸を有効に結びつけるシステムの設計はきわめて困難であった。

　こうした多くの課題を抱えて，APOの導入は2005年春節以降いったん停止することになった。しかし，これ以降ワハハは国内需要の膨張に対して，地域対応のための分権体制が未整備のまま，生産と販売のネットワークの拡大に走ったのである。とくにヒット商品の開発に成功したことから，再び成長軌道に乗り始めた。

（4）R&D強化とチャネル再調整

　2005年に発売された乳性混合飲料の「栄養快線」は，消費者から大きく支持され，好調な販売を見せた。この商品を持って，ワハハは都市市場の開拓をさらに強化した。同年，ワハハはこれまで16年間ほとんど体制が変わらなかった「広報広告部」を廃止し，新たに「市場部」を設けた。市場部には，広告や企画，デザイン，市場開拓などの部署を配置し，とくにワハハの競争力が弱かった都市部での販促活動に重点を入れた。また，大規模小売企業，鉄道，航空，レストラン，レジャー施設などの販売チャネルの開拓を強化するために，それらとの取引を専門的に担当する営業部隊として，「KA」（Key Account）チームや「特通」チームを設けた。さらに，ワハハは新たに300余りの市場開拓人員を上海，北京，広州，杭州，重慶，成都，武漢などの大都市に派遣し，「栄養快線」などの重点商品の市場開拓業務を担当させた。

　「栄養快線」の最大の特徴は，差別化された付加価値の高い商品であることである。主力商品の純浄水が発売されてからすでに10年経っており，マージン率が大きく圧縮されていた。一方，炭酸飲料，茶飲料，果実飲料では強力な競合相手との厳しい競争に対抗するためには，成長を牽引できる有力商品の開発が重要な課題となっていた。「栄養快線」の成功を受け，ワハハは研究開発体制を強化し，2006年にプロバイオティク発酵の子供向け乳酸菌飲料，コーヒー味のコーラ，2007年にカフェラテ，2008年にノンアルコール飲料など次々と新製品を市場に送り込んだ。また，「栄養快線」においては，新シリーズの発売によってヒットし続け，この一品目だけで2009年に120億元を売り上げ，同社売上全体の28％を占めた。

図6－3　ワハハの年間生産量，売上高，純利益の推移

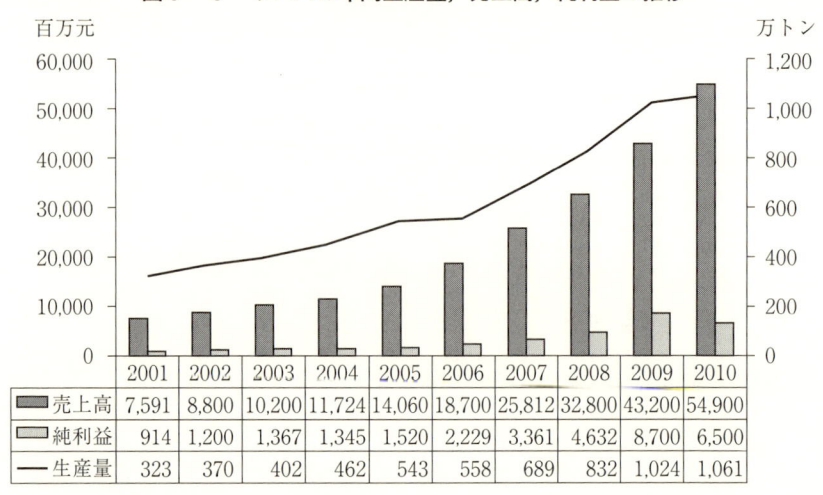

	2001	2002	2003	2004	2005	2006	2007	2008	2009	2010
売上高	7,591	8,800	10,200	11,724	14,060	18,700	25,812	32,800	43,200	54,900
純利益	914	1,200	1,367	1,345	1,520	2,229	3,361	4,632	8,700	6,500
生産量	323	370	402	462	543	558	689	832	1,024	1,061

（出所）『娃哈哈集団報』により作成。

　2006年以降，中国の飲料消費全体が急速に拡大し，全国の年間生産量は毎年ほぼ20％以上のスピードで急増した。飲料各社は競って各地に工場を建設し，生産規模の拡大に走った。膨張する全国市場を網羅しようとするワハハは，ダノンとの合弁関係が悪化したにもかかわらず，2007年から生産量の増加率を20％以上に維持し，2006年の558万トンから2009年には1,024万トンに倍増した（図6－3）。

　製品構成の調整や生産規模の急拡大に伴い，チャネル構造の調整が必要となった。2008年の金融危機以降，中小メーカーの経営不振を機に，宗氏は新たなチャネル戦略を計画し，販売ネットワークをさらに強化した。とくに飲料水などの古い製品ラインのマージンが大きく縮小したことを受け，ワハハは中間取引段階の削減により各卸売商の収益を確保し，連鎖体チャネルを維持しようとした。当初，宗氏は卸売商の販売地域の縮小や取扱品目数の削減により，特約卸の数を増やそうと考えていたが，既存の特約卸に反対された。また特約卸に2次卸のネットワークを拡大させようとしたり，小売店と取引直接するように要請したが，特約卸は応じようとしなかった。そのため，宗氏は一部の2次卸を特約卸に格上げし，ワハハと直接契約させ，主に

マージン率の低い古い製品ラインを取り扱うようにした。

　こうして，ワハハの連銷体チャネルは，特約卸，2次卸，小売店といった従来の3段階チャネルと，新たに加わった特約卸，小売店の2段階チャネルの2つに分かれた。その規模は2009年には，特約卸約6,000社，2次卸約30,000社，小売店約100万店に達した。

5　おわりに

　本章では，ゼロからスタートし，約25年間にわたって中国最大の飲料メーカーに成長したワハハのチャネル展開について見てきた。1994年，卸売商の代金回収難や無秩序な取引に対応して実施した一連のチャネル政策により，ワハハは国内において最も完成度の高い系列化チャネルを構築することができた。こういったチャネル戦略により，ワハハは卸売商との間に共存共栄の関係を作りながら，取引関係以上に信頼や人間関係を重視することにより，連銷体チャネルの有効性を高めた。とくに多数の中小の卸売商や小売商が存在する農村地域での展開において連銷体チャネルは優位性を発揮した。

　一部の有力特約卸は，1990年代中頃に年間売上高数十万元の規模からスタートし，ワハハと10年以上取引を続けることで，現在では数千万や1億元を超える売上規模に拡大している。ワハハの平均的なリベートは年利益率の4～5％であるが，そのほかに不透明で柔軟なリベートによって卸売商のモチベーションを高めている。販売実績上位の特約卸に対し，ワハハは自動車の贈呈などをインセンティブとして与えている。

　さらに，ワハハにとって連銷体チャネルの構築による最大のメリットは代金回収問題の解決である。販売規模が拡大するにつれ，保証金の額は2002年に6億5,000万元，2007年に46億元，2011年に80億元に達し，原材料調達や生産規模の拡大に潤沢な資金が提供された。ワハハは上場を果たせていないが，この資金が無借金経営を実現させる大きな要因となった。

　宗氏は独自に構築してきた連銷体チャネルを外資系企業との競争における有力な武器としてきたが，近年では逆にこれが都市市場進出に伴う大規模小売企業との取引拡大にとって桎梏となってきている。実際，ワハハでは売上

高の約60％以上が依然として農村市場によるものである。都市市場において，直接取引しているのは大潤発のみといわれ，それ以外はすべて特約卸を通して大規模小売企業と取引を行っている。

　大規模小売企業との取引では煩雑な費用徴収や長い決済期間が必要であり，また卸売商の利益を損なうことで連鎖体チャネルを乱す可能性を考慮し，宗氏は既存のチャネル体制を維持する方針できた。しかし，都市市場で拡大を図るには，大規模小売企業との直接取引はいずれ避けられないとみられる。こうした中で，既存の連鎖体チャネルをいかに調整していくのか，またチャネルの独自性と強みをいかに発揮し続けるのかといったことは，ワハハにとって重要な成長課題となっている。

　この問題に対し，ワハハは自ら小売事業へ参入するという解決策を探ろうとしている。2010年6月，ワハハは河南省商丘市に生産工場の建設とショッピングモールの展開に5億元を投資することを発表した。これは東部地域から中西部への産業移転といった政府の政策により，河南省が浙江省から産業移転を受けるといったことが背景にあったからである。常住人口9,402万に達している河南省は潜在的な市場規模が大きく，ワハハは商丘市を実験都市として，今後3〜5年以内に河南省で100以上のショッピングモールを展開する計画である。また，浙江省や湖南省の卸売商と共同で「商超集団」を設立し，多様な小売業態を展開する計画も進めている。

　なお，先にワハハの連鎖体チャネルと日本の「流通系列化」の仕組みとの類似性について触れたが，両者の間にどのような共通性と相違性があるのか，なぜ中国では系列化に類似したチャネル形態が形成されたかについての比較分析は，今後の課題として残る。

（李　雪）

1）国家基準によるソフトドリンク分類「GB10789-1996」は1996年12月17日に改正され，1998年9月1日から施行された。
2）流通系列化とは，製造業者が自己の商品の販売について，販売業者の協力を確保し，その販売について自己の政策が実現できるように販売業者を掌握し，組織化する一連の行為である（野田，1980，p.9）。
3）宗慶後は1945年杭州生まれ，1963年に知識青年の下放運動に参加し，舟山群島の馬木

農場や紹興茶場で14年間働き，1978年末に杭州市に戻された。同市の教育系列の杭州工農校弁紙箱工場に配属され，営業に従事した。1987年校弁企業経銷部の経営を請け負ったとき，彼はすでに41歳になった。米国フォーブス誌において，2010年に推定純資産80億ドルで中国一の富豪とされている。

4）101とは，2級，3級都市において卸売商と契約し，末端の小売店に冷蔵庫や展示棚などのハード設備や商品知識などのソフト・サービスを提供することを目的に組織化するチャネルである。

参考文献

謝憲文（2008）『流通構造と流通政策—日本と中国の比較—』同文舘出版。
野田実編（1980）『流通系列化と独占禁止法—独占禁止法研究会報告—』大蔵省印刷局。
李雪・渡辺達朗（2011）「中国における飲料製造企業のチャネル戦略—娃哈哈（ワハハ）グループの事例—」『流通情報』第490号（43巻1号），pp.46-68。
金順星（1999）「娃哈哈的営銷原創」『企業活力』第12期。
呉暁波・胡宏偉（2001）「娃哈哈"非常営銷完全解密"『南風窓』9月号。
呉暁波・胡宏偉（2002）『非常営銷—娃哈哈—』浙江人民出版社。
高定基（2003）「娃哈哈是怎様控制窜貨的」『中国商貿』第1期。
謝絢麗・鄭春建（2002）「娃哈哈集団的産品戦略」『企業文化』9月号。
尚陽・陳勁（2005）『娃哈哈密碼—中国式経営管理的道，法，術—』北京大学出版社。
宗慶後（1992）「娃哈哈的経営機制」『企業管理』7月号。
宗慶後（1999）「娃哈哈的経営戦略」『浙江経済』第6期。
張静（2004）「2004,娃哈哈的非常変革」『21世紀商業評論』第2期。
張静欽（2005）「娃哈哈的系統極限」『21世紀商業評論』第12期。
趙暁飛（2005）「娃哈哈的分銷試験」『経営管理者』第10期。
鄧地（2003）「可口可楽中国営銷戦」『網際商務』10月号。
羅建幸（2008a）『宗慶後与娃哈哈——個中国著名企業的深度研究—』機械工業出版社。
劉春雄（2004）「康師傅通路創新」『銷售与市場』第19期。
「非常管理模式—記"袁宝華企業管理金奨"獲得者，杭州娃哈哈集団有限公司董事長宗慶後—」『企業管理』2006年6月。
『中国食品工業年鑑』各年版。
『娃哈哈集団報』2003-2012年。

第7章 内資系日用品メーカーのチャネル戦略:

日用品メーカー納愛斯(ナイス)の事例を中心に

1 はじめに

　本章では，内資系日用品メーカーのチャネル戦略に焦点を当て，業界首位の納愛斯（Nice：ナイス）の事例を取り上げる。中国市場における日用化学品業界の企業間競争状況は，P&Gやユニリーバなどの外資系企業の比較的早い時期の参入により，飲料業界と同様に激しいものになっている。当初，外資系企業は高品質・高価格の商品を都市市場を中心に展開し，中小規模の内資系メーカーは中・低価格の商品を農村地域を中心に展開するといった棲み分けがみられたが，近年外資系企業の農村市場開発戦略の強化や，内資系企業による高付加価値・高機能性商品の開発と都市市場進出の加速により，競争が一段と激しくなっている。

　内資系企業は，こういった厳しい競争を勝ち抜くために，どのようなチャネル戦略を展開したのか，以下では，現在中国最大の内資系日用品メーカーであるナイスの事例を取り上げ，同社が展開したチャネル戦略の内容，背景および抱えている問題点について分析していく。ナイスは浙江省の地方都市麗水市に立地しており，石鹸，洗剤，歯磨き，シャンプーなどを主力商品とし，全国に6つの生産基地と50以上の販売支社を持つ。1994年以降，石鹸，洗濯洗剤，台所洗剤などの製品分野において次々とトップ・シェアを獲得し，2011年度の売上高は122億7,332万元に達している。

　本章の構成は次のとおりである。2節では，ナイスの事例分析に入る前に中国日用品業界の全体状況について概観する。外資・内資系企業の競争構図

をみたうえで，ナイスのチャネル戦略の展開を3節と4節に分けて検討し，とくにP&Gとの競争激化などによる製品戦略の転換とチャネル体制の調整について分析する。5節でナイスのチャネル戦略の特徴を明らかにし，内資・外資系日用品メーカーのチャネル戦略の相違をまとめる。

2 中国日用品業界の競争構図

中国では，日用化学品は大きく洗滌用品と化粧品の2つに分類される（表7－1）。近年は，その市場特性から，洗剤などを中心とするホームケア用品と，オーラルケアやヘアケア，スキンケア，メークアップなどを中心とするパーソナルケア用品とに分類する場合もある。

生活必需品である石鹸や歯磨きなどの日用化学品は，産業製品として中国で製造され始めたのは20世紀初頭であったが，実際19世紀後半から日本製や英国製の洗濯石鹸がすでに上海で販売されていった。これに刺激され，一部の民族資本家は天津や上海を中心に石鹸や歯磨きなどの製造企業を設立した。1949年これらの企業は政府に接収され，統合や再編を経て国営企業に変わった[1]。人口規模の拡大による需要が増加した一方，天然油脂資源欠乏による石鹸の供給不足を背景に，1950年代末頃から政府主導で合成洗剤の開発と生産が進められ，1983年には全国の合成洗剤生産企業（工場）は70社に達した。計画経済下の日用化学品の生産と販売は地域的に分断されており，国営化学メーカーが分散的に立地していた。製造規模をみると，天津や上海の国営化学メーカーが一定規模を有していたが，他の地域では中小規模な工場が多かった。

一方，イギリスのユニリーバ（Unilever）やアメリカのP&Gなどの外資系企業は，比較的大規模な国有企業との合弁により1980年代後半に中国市場に進出した[2]。生活水準の上昇に伴い，格段にレベルの高い商品に触れることができるようになった中国の消費者は，次第に品質の高いものを求めるようになった。そのため，市場全体は量的不足から質的不均衡の状態に変わった。国営企業の多くはそれに対応する製品構造の調整に遅れ，過剰在庫を抱えていたが，一部地方の小規模な化学工場が海外から設備を導入し，技術の

表7－1　日用化学品の分類

洗滌用品	石鹸
	洗剤（個体洗剤含む）
	洗濯用液体洗剤
	台所洗剤
	歯磨き剤
化粧品	シャンプー，リンス，トリートメント，ボディソープ，ハンディソープ
	乳液，洗顔料，フェースマスク
	髪染剤
	香水，オーデコロン，化粧水
	口紅，ファンデーション

（出所）『中国軽工業年鑑 2009』，p.132より作成。

改善により良質で手頃な商品を開発し，徐々に成長を遂げていった。

　外資系企業の相次ぐ参入は中国日用化学品市場の競争構図を大きく変えた。先進的な技術やマーケティング手法を求め，外資との提携を果たした一部の有力な国営企業は，結果的に外資に飲み込まれていき，自社ブランドを失うことになった。一方，P&Gやユニリーバなどの外資系企業は豊富な資金力を持ち，高度な技術とブランド力により，シャンプーなどの商品分野において寡占的体制を築いた。

　外資系企業にとって追い風となったのは，都市市場におけるスーパーマーケットやハイパーマーケットなどの大規模小売チェーンの成長，とりわけウォルマートやカルフールが代表するグローバル・リテイラーが中国市場での大規模展開であった。これまで先進国の市場において大規模小売企業との取引や売場陳列などの面で多くの経験やノウハウを蓄積し，強いブランド力や品揃え提案力を備えた外資系メーカーは，都市部では強い販売力を確保することができた。

　こうした中，1990年代後半から奇強や立白，納愛斯といった内資系企業は，外資系がまだ浸透していない農村地域を中心に展開し，徹底的な低価格戦略を打ち出しながら，卸売商の力を借り販売ネットワークを拡大し，急速

に成長した。これらの企業は，大手国営企業を代わって，徐々に業界をリードするようになり，外資系企業に対抗する新興勢力となった。

　外資系企業は高品質・高価格の商品を，都市市場を中心に展開するのに対し，中小規模の内資系企業は中・低価格の商品を，農村地域を中心に展開していった。このような市場の棲み分けが1990年代末頃までに続いた。しかし，2000年代初頭から，内資系企業の急成長に脅威を感じたユニリーバやP&Gなどの外資系企業は，低価格戦略を取り入れながら農村市場への進出を加速した。これに伴い，外資系企業は合弁事業から出資を撤退したり，あるいは合弁事業の全株式を取得する，いわゆる独資化を進めた。各地にある合弁事業の運営や管理を一本化し，原材料を現地調達に切り替えることなどによりコスト削減しようとした。

　こうした外資系企業の動きにより，従来の棲み分けの崩れ，価格競争が激化した。価格面での優位性が大きく低下した内資系企業にとって，競争に対抗し，さらなる成長を図るためには都市市場に進出せざるを得なくなった。しかし，都市市場への進出において，内資系企業は大きな壁にぶつかることになった。農村地域で築いた販売ネットワークやチャネル運営のノウハウは，大規模小売企業との取引に適さず，外資系企業に比べブランド力の弱さや商品ラインの少なさなどにより，大規模小売企業に対する交渉力も弱かった。また，内資系企業の小売価格はすでに限界にまで下げられていたことから，大規模小売企業からの値引き要請に応じられないといった問題もあった。最も深刻なのは，価格競争の拡大により収益構造が圧迫されるだけでなく，消耗戦が長引くと新製品の開発投資が困難となることで，内資系企業にとってはきわめて不利な状況に置かれたといえる。

　そのため，一部の内資系企業は，2000年代半ばから，高機能性・高付加価値商品の開発，高価格帯ブランドの開発，新たな商品分野への参入，既存ブランドの買収等に取り組み始めるとともに，外資系企業の農村市場への進出に対抗して，自社の農村チャネルの基盤強化を図った。しかし，内資系企業の多くは中小規模にとどまっており，熾烈な競争の中で撤退や倒産に追い込まれた企業も少なかった。とくに，シャンプー市場において，外資系企業の寡占的な地位を揺るがすことはなかった。表7－2に示すように，2008年度

表7-2　中国の上位日用品製造企業（2008年度）

業界分類と企業名	主要事業売上高（万元）	総資産（万元）	従業員数（人）	売上利益率（％）	資産利益率（％）
石鹸と合成洗剤の製造企業					
広州宝潔有限公司（P&G）※	2,625,926	1,669,056	3,758	21.63	34.04
安利（中国）日用品有限公司※	1,765,464	829,976	5,747	28.54	60.70
納愛斯集団有限公司	858,791	469,247	6,168	6.87	12.57
南風化工集団股份有限公司	287,943	408,890	10,578	4.40	3.10
安徽全力集団有限公司	80,045	71,697	2,712	14.11	15.76
化粧品製造企業					
江蘇隆力奇集団有限公司	707,927	352,817	4,924	4.43	8.89
聯合利華（中国）有限公司※	516,563	309,356	3,023	7.24	12.09
雅芳（中国）製造有限公司※	276,728	185,753	2,050	6.65	9.90
資生堂麗源化粧品有限公司※	184,392	158,337	3,317	25.80	30.04
松澤化粧品（深圳）有限公司※	79,362	103,403	2,552	2.08	1.60
オーラルケア用品製造企業					
柳州両面針股份有限公司	62,448	351,650	2,057	15.93	2.83

（注）※は外資系企業。
（出所）中国国家統計局編『中国大型工業企業年鑑 2009』中国統計出版社，p.157より作成。

の上位日用品製造企業のうち，P&Gは他社よりはるかに高い売上高や売上高利益率，資産利益率を上げている。外資系企業と激しい競争を強いられる中，内資系企業の多くはたいへん厳しい状況に置かれている。

3 全国的販売チャネルの構築

(1) 初期の展開

　ナイスの前身は，1968年に浙江省麗水市に設立された国営化学工場の「国営麗水五七化工廠」である。資金も技術も持たず，手作業中心で洗濯石鹸を生産していた同工場は，全国118社の国営化学工場の中で第117位であり，いつ閉鎖を命じられてもおかしくない状況にあった。1985年，副工場長であった庄啓伝は社内選挙により工場長に選ばれ，これ以降彼はナイスを飛躍的な発展を導き，現在まで経営を続けている[3]。

　1980年代末まで，ナイスは当時比較的大規模な国営石鹸メーカーとの「横向連営」（同業間の業務提携）によって，化粧石鹸の製造技術を取得し，また資金や原材料調達の面においても協力を得ることができた。しかし，その反面，大企業への依存が強まり，後に国営企業の業績が悪化した際には麗水工場に大きな影響が及んだ。庄氏はこうした経験から，自ら商品開発力や営業力を備えなければ，市場の変化に対応することができず，いずれ淘汰されると強く認識するようになった。

　1991年，連営時代に培った化粧石鹸の製造技術を活かしながら，アメリカの専門家を通じてスイスのGivaudan Roureから技術導入を行い，品質が大きく改善された。また，スイスの香料エッセンスを使用し，「納愛斯（NICE）」というブランドにより，化粧石鹸の新商品により発売した。当時，国営メーカーの多くは生産規模の拡大を優先し，市場開拓を後に回した。しかし，庄氏は資金が限られており，しかも販売が生産の拡大に追いつかなければ，大量な在庫を抱えてしまうといったリスクを考慮し，広告宣伝やチャネル開拓に先に投資した。

　当時多くの国営石鹸メーカーは，主に国営卸や国営小売店を販売チャネルとしていたが，庄氏は1990年代初期における計画経済と市場経済が並行する二重構造に対応するために，チャネルを二分化した。上海，天津，北京の3都市に総販売拠点を設け，国営卸売企業の1次，2次チャネルを利用する一

方，自ら大規模な卸売市場が立地する義烏に「経営部」（営業所）を設立し，そこを拠点に卸売商を代理商として統一価格・統一配送を実施する卸売商チャネルを構築していった。

（2）洗濯石鹸の発売

化粧石鹸は個人嗜好の差があり，市場がセグメント化されている商品分野である。上海や天津などの有力な国営ブランドがすでに多く存在し，外資系ブランドの参入も見られており，彼らから市場シェアを奪取することは容易ではなかった。

そうした中で，ナイスは洗濯石鹸の分野に力を入れ，革新的な商品で勝負をかけようとした。1992年5月，投資会社の香港麗康発展公司との共同出資により，「浙江納愛斯日化有限公司」を設立した。その後，早くも6月に「雕牌」というブランドを立ち上げ，洗浄効果の高い洗濯石鹸の「超能皂」を発売した。それまでの洗濯石鹸は，黄色で嫌な臭いが付き，包装なしの粗悪品が一般的であった。これに対し，ナイスは水色で無香料，プラスチック包装付きの新たな洗濯石鹸を市場に送り出した。ブランド名の「雕」は，ワシのイメージで洗浄力の強さを表し，英文名では"Attack"（後に読み方のDIAOに変更）が付けられた。

発売に合わせ，ナイスは中央や地方テレビ局に大規模な広告宣伝を行い，オリンピック大会中継のゴールデンタイムに広告を放映した。しかし，大規模な広告宣伝を行ったにもかかわらず，期待したほど売れ行きは芳しいものではなかった。庄氏は卸売商や小売店で調査したところ，包装付きの「雕牌」石鹸が化粧石鹸と勘違いされ，店頭では化粧石鹸の棚に陳列されていたことがわかった。新商品として，消費者の間でまだ十分に浸透していなかったため，庄氏は新聞広告の切り抜きで石鹸1個を無料で配布するキャンペーンを行った。マーケティング的な発想があまりなかった当時，この広告キャンペーンは大きな話題となり，国有資産の無駄遣いといった批判の声もあった。しかし，無料配布を通じて，「雕牌」石鹸は多くの家庭に使用されるようになり，従来石鹸の代替品としてようやく市場に定着するようになった。

「雕牌」石鹸の需要の高まりにつれ，ナイスは営業組織を整え，責任感や

学識の高い社内人材を営業部隊に異動させた。また，彼らの積極性を引き出すために，公平かつ柔軟な業績評価制度を設けた。販売地域の全国規模での拡大を図りつつも，販売の重心は本拠地の浙江省に置くといった方針が決められた。

この時期，義烏の卸売市場に各地から多くの卸売商が仕入れに訪れるようになり，義烏は全国の集散地としての役割を担うようになった。こういった動きに合わせ，ナイスは従来の義烏にあった経営部を販売会社の「義烏納愛斯商行」として独立させ，自社の製品を中心に販売するほか，他のブランドの代理業務も行うようになった。また，重要都市の杭州や寧波に経営部を新設したほか，台州や麗水，温州などの都市では代理商との取引を強化し，さらに「雕牌」石鹸がまだ浸透していなかった金華，衢州，嘉興，紹興などの地域では市場開拓を行った。これらの取り組みにより，「雕牌」石鹸は浙江省内では90％以上の市場シェアを占めるようになった。

（3）チャネル体制の調整

こうして，ナイスは石鹸分野において「納愛斯」や「雕牌」の2つのブランドを確立させた。需要の拡大に合わせ，1993年以降生産規模の拡大と技術の改善に力を入れながら，急速な成長を遂げた。売上規模は1991年の4,062万元から1996年に6億3,600万元に急増し，1980年代に無名であった同社は一躍業界の首位に立つことになった。

拡大の勢いに乗り，ナイスは浙江省を依拠しながら上海，福建省，江西省，江蘇省，安徽省などの周辺地域に市場を拡大し，卸売市場を中心とした販売ネットワークを築こうとした。また，全国市場に取り組み，東北や華北などの地域では多数の代理商と契約した。1996年，ナイスは営業人員を約200名に増やし，全国各地の600社以上の代理商との取引に対応する体制を整えた。代理商の多くは，卸売市場を拠点とする個人経営の業者であり，好調な売れ行きを見せたナイスの商品を積極的に取り扱い，仕入代金の先払いや現金取引が多く見られた。ナイスも資金回収難の懸念から徐々に売上代金の先払いを制度化し，これにより，良好なキャッシュフローを維持することができた。

一方，1990年代後半，スーパーマーケットなどの大規模小売企業が台頭し始め，都市市場の主要チャネルになりつつあった。1997年，本社に全体の営業や販促業務を担う「市場部」を設ける一方，江西や福建北京など全国16の省・市に営業所または分公司（販売支社）といった販売体制を整えた。これは，大型小売企業といった新たなチャネルを開拓し，彼らとの直接取引に対応するためであった。

　1997年前半，ナイスは「雕牌」の広告宣伝に1.3億元を投入し，需要を掘り起こしたことから，売上は順調に伸びていった。好調な売れ行きに刺激され，同年の後半では化粧石鹸も強化しようとし，予定より半年早く化粧石鹸の新商品「納愛斯珍珠香皂」を発売した。この新商品は，実際都市部の大規模小売企業向けに販売しようとしたものであった。大規模な広告宣伝を行いながら，スーパーマーケットを中心に新製品の市場開拓やプロモーションを強化した。

　しかし，これまで営業業務の重心が卸売商や代理商との取引交渉に置かれていたため，都市部の大規模小売企業の営業担当者の多くが経験不足の「新人」であり，交渉に十分対応できず，大規模な広告展開を行っても，営業部隊の市場開拓はうまく進まなかった。また，取引先がかなり限られていたため，新商品は卸売市場チャネルにおいても取り扱われていた。適正なマージン配分や取引秩序を維持するために，ナイスは代理商の販売テリトリーを調整し，彼らの販売活動の審査や評価を行った。しかし，販売状況は改善せず，代理商の販売意欲も大きく低下した。ナイスは過剰な在庫を抱えただけでなく，一部の営業人員が販売目標達成のために，代金先払いや現金取引の規定に違反してまで販売を続けた結果，同年度の未回収売上代金は1億元に上ってしまった。

　こうした中，ナイスは戦略調整に入り，化粧石鹸の生産を一時全面的に停止し，営業人員の不正な販促活動を止めさせ，市場秩序の回復と販売価格の安定を図った。また，「納愛斯」への資源投入の集中は，「雕牌」ブランドを弱めることにつながった。この間，「雕牌」製品の販売は，かろうじて既存のチャネル資源と製品自体の高い認知度によって維持される状態になり，市場開拓を怠ったナイスは多くの小規模なメーカーや偽物業者に参入機会を与

えてしまった。

（4）洗剤分野への参入

　化粧石鹸により都市市場を開拓しようとした戦略が結果的に失敗となったが，庄氏はこの間もう１つ重要な意思決定を行った。1997年，中国全体の年間生産量は，石鹸64万3,300トンに対して，合成洗剤は279万9,100トンに達し，両者の合計に対する石鹸の比率は18.7％となった。庄氏は，縮小し続ける石鹸市場でさらなる成長を図ることは困難と感じ，ついに合成洗剤分野への進出を決定した。

　この時期，洗剤業界の企業タイプは３つに分けられる。第１のタイプは，もともと有力なブランドを持っていた国営洗剤メーカーであり，これらの多くは1990年代に入り外資との合弁により，経営の主導権を握れず，自社ブランドを失ったり，経営不振に陥った。また，計画経済時の古い意識から脱却できないまま，市場競争を恐れ，政府の保護政策を求めようとした。

　第２のタイプは，P&Gやユニリーバ，ヘンケルなどの外資系企業であり，国営企業との合弁を通じて中国市場への進出を果たし，高度なマーケティング手法によりいち早く自社ブランドの認知度を向上させた。ただ，製品の小売価格が，国営企業の約３元より高い，４〜６元（400グラム）で設定されていたため，都市市場のみの展開にとどまっていた。

　第３のタイプは，農村市場をターゲットとする南風集団に代表される新たに成長した企業である。南風は，２元（350グラム）といった格段に安い価格で農村市場を中心に展開し，卸売商を省き，店があれば商品を届けるといった営業手法により市場シェアを急速に伸ばした。しかし，ほとんどテレビ広告に投資せず，ブランドの構築を怠っていたため，都市市場への進出は難しかった。

　市場の地理的分断や都市と農村の市場特性の相違から，庄氏は洗剤市場には大きな潜在的な成長性があると考え，ついに洗剤市場に進出した。1999年９月，ナイスは「雕牌」ブランドにより1.8元（320グラム）という業界最低価格の合成洗剤を発売した。また，2000年春節後，広告費に１億5,000万元を投じて，大規模な販促活動を展開した。当時，国有企業の経営悪化とリス

トラによる失業者の急増や再就職難が大きな社会問題となり，ナイスは失業者の家庭をテーマとした情緒訴求の広告を中央テレビ局で大規模放映を行い，多くの消費者の心を動かした。低価格戦略と広告効果により，「雕牌」洗剤の市場シェアが一気に拡大した。各地で需要が高まり，供給不足の状況に追われたナイスは増産に努めたが，もはや需要の急拡大に間に合わず，急きょ他社への委託生産を行った。2001年には19省の29工場とOEM契約を結んだ。

有力商品となった「雕牌」洗剤をもって，ナイスは販売の重心を農村から都市へ移し，再び都市市場開拓の取り組みを強化した。2001年，全国各地にある営業所をすべて販売支社に切り替えるとともに，大規模小売企業との直接取引に応じ，小売店頭の売場陳列をできるだけ自ら行おうとした。これは，ナイスがブランド・イメージの向上や市場シェアの拡大を図るために，大規模小売企業の売場までコントロールする必要があると認識したからである。

一方，卸売商のチャネルにおいては，直接取引する代理商を対象に保証金制度を導入した。保証金制度とは，年間取引額に応じて卸売商が一定比率の預り金をナイスに先払いし，年末にナイスが一定の利息を付けて払い返すという契約である。ナイスにとっては，これらの資金で原材料調達や広告宣伝などに活用することができ，また代理商の取引行為や代金支払いなどの面においても一定の抑制効果があった。

(5) 全国的販売チャネルの整備

2001年，ナイスの売上高は前年比102.8％増での50億7,680万元に達し，1999年からわずか3年間に売上規模が約5倍に拡大した。急激な拡大に伴い，販売体制にはいくつかの問題が見られた。

都市市場において，分公司を設立するスピードが予定より遅れており，大規模小売企業との取引交渉もうまく進行することができなかった。その要因は，長い間卸売商を相手としてきた営業人員の経験やノウハウの不足や，ナイスの比較的弱いブランド力や不十分な品揃え能力にあった。また，卸売商との取引では現金払いや代金の先払いが一般的であったが，大規模小売企業

の場合，少なくとも15日の支払い期間を必要とし，そのほか入場費，販売促進費，店舗陳列費など煩雑な費用も徴収され，取引に伴うコストがきわめて高くついた。これらだけでなく，低価格訴求の「雕牌」洗剤はすでに販売価格が限界まで下げられており，大規模小売企業のさらなる値下げ要求に応じられないことも，売場確保が難しい一因であった。実際，一部の大規模小売企業では，「雕牌」の取り扱いを断ることもあった。

一方，卸売商チャネルにおいては，「雕牌」洗剤の大ヒットにつれ，ナイスと取引する卸売商が各地で急速に増えた。保証金制度の導入は売上代金の回収や良好なキャッシュフローの維持に大きな効果を上げたが，チャネルの取引秩序や価格の維持，マージンの配分等について高いチャネル統制水準を達成するには至らなかった。例えば，1つの地域においてナイスが2社の卸売商と同時に取引する場合もあり，地域総代理店制がまだ整備されていなかった。そのため，複雑な地域間取引に伴う安売りの発生を抑制できないという状況も生じていた。利益の確保ができない卸売商の販売意欲が低下する一方，ナイスの生産が需要に追いつかないこともしばしば起こり，すでに農村市場の一部では「雕牌」洗剤のシェア低下がみられた。

2002年後半から，ナイスは販売チャネルの整理と調整を行った。まず，卸売商チャネルにおいて，全国市場を地域的に分割し，「地域代理分銷制」（テリトリー制）を実施した。各地域では，ナイスは1社の代理商と独占的な販売契約を結ぶ一方，代理商と2次，3次の卸売商と契約させ，代理商が卸売商にリベートを支払う。テリトリー制の導入に伴い，ナイスは各地において資金力や販売ネットワークを持つ有力な代理商を選別し，小売店を奪い合うことがないよう，卸売商の販売テリトリーの設定を行った。

また，独占的な地域販売権が与えられた代理商は，地域内における取引価格体系の維持や卸売商の管理，偽物の摘発などの義務を負うことになった。他地域から仕入れたり，偽物を販売する卸売商を発見した場合，代理商は同地域にあるナイスの販売支社に報告する。ナイスはその報告に基づき調査を行ったうえ，仕入先の地域の代理商に責任を追及し，取引の停止やリベート没収などの措置をとることにした。

多段階のチャネル体制を確立させようとするナイスの目的は，メーカーと

して全体の取引秩序を維持するにあった。庄氏は，「雕牌」洗剤の大ヒットにより，市場シェアが急速に高めたが，急成長と取引秩序との間で生じさせていた矛盾を感じた。秩序なくしてブランドの確立や，さらなる発展を図ることは困難である。不透明な販売政策で多くの利益を手にしようとした一部の代理商に対し，庄氏は多段階の販売チャネルが1つの社会的な仕組みであり，2次，3次の卸売商との取引秩序をうまく維持することでのみ，全体が発展することができ，代理商1社だけで地域全体をカバーしようとするのは不可能であると強調した。

4 戦略転換と販売チャネルの再構築

(1) P&Gとの競争激化

　2002年，ナイスは売上規模を約50億元であった。同年のP&Gの中国市場での売上高は約75億元に達していたが，ナイスの急成長に対し，P&Gは大きな脅威を感じ，ついに反撃に打って出た。2003年から，P&Gは全国市場においてナイスの「雕」をやっつけるといった意味を持つ「射雕」戦略を展開し始めた。大規模小売企業から農貿市場まで，「雕」牌洗剤の陳列棚の隣に必ず「タイド」洗剤を並べ，包装も「雕」牌に類似する水色に変えた。また，販売価格を2.2元に引き下げ，それまで機能や情緒訴求の広告戦略を改め，お笑い芸人を起用し，一般家庭を訪問するシーンで価格の安さを強調した。

　こうしたP&Gの動きはアメリカ本社の新興国市場重視の成長戦略の一環であった。中国市場では，P&Gはすべての商品の販売価格を引き下げるとともに，都市市場だけでなく，県・郷などの農村地域でも販売チャネルを確立し，市場シェアを拡大させていった。いわゆる低価格の市場開拓戦略の発動である。しかし，農村市場の開拓を積極的に進めたP&Gは，以前から取引を続けてきた卸売商の選別を行い，多いときの約300社から100社程度までに減らした。また，従来の地域別販売体制を大規模小売企業との取引を重視する顧客別販売体制に組み換え，有能な営業人材を卸売商チャネルから大規

模小売企業チャネルに異動させた。

　一方，ナイスは同じ内資系企業として卸売商と共通の価値観を持つことで，流通チャネルにおける取引秩序や価格体系の維持を強化し，共に成長することを目指した。2003年までに，ナイスは全国各地の3,000社の代理商と取引するようになった。市場秩序の維持や取引価格体系の管理を強化するために，「市場管理方案」が実施された。この方案には主に4つの内容がある。

　第1に，すべての卸売商との取引に用いる契約書を統一し，オープンで公平・公正な取引制度を設け，利益の分配や義務などを透明化させる。第2に，個々の卸売商への利益分配を合理化し，小売販売価格やリベート額を設定し，選別制度を取り入れる。第3に，卸売商の管理において，市場，在庫，顧客先の訪問はもちろん重要であり，そのうえ日次別ないし月間ベースの統計表を作成し，卸売商に実際の情報を記入させる。第4に，ナイスは代理商とともに市場の開拓や管理に取り組み，規定違反の販売行為が発見された場合，迅速で適切な処置を行い，再発を防ぐ。

　また，契約の徹底や代理商の支援と監督，取引秩序の維持のために，ナイスは各地の分公司を42社に増やした。一般に直轄市・省・自治区といった行政単位には1社を配置したが，広東省や浙江省といった重点的な販売地域では都市別に設けた。分公司は，都市郊外や郷・鎮などの農村地域での市場開拓と代理商との取引交渉を担当する一方，都心部の大規模小売企業との直接取引への対応も業務とした。2003年にナイスは，カルフールやウォルマートなどの大規模小売企業との直接取引を担当する部署として，本社に「終端（末端）管理部」を設け，各地の分公司にも「終端弁」を設置した。「終端弁」は各地の分公司に所属する一方，本社の指示を受けることとした。しかし，大規模小売企業との直接取引には多くの営業人員が必要とされ，人材の整備も遅れていたため，都市市場でのチャネル展開は難航した。

　ナイスでは，P&Gとの競争は「点」と「面」の争いといわれている。「点」は大規模小売企業との直接取引による都市市場での競争を指し，「面」は多段階の卸売商チャネルを通じた2級，3級都市および郷・鎮の農村地域での競争を意味する。ナイスは，これまで都市部の大規模小売企業と農村部の卸売商チャネルに同時に取り組もうとしてきたが，北京，上海，広州など

の一部の大都市を除けば，主要販売チャネルは依然として卸売商チャネルであった。代理商や卸売商といった多段階の取引ネットワークを通じて，自社の商品を広大な市場の隅々まで浸透させるとともに，安売り競争に陥らないようにチャネルへの統制力を強化した。とくに，P&Gとの厳しい価格競争の中で，ナイスの商品を取り扱う卸売商も大きなダメージを受けたことから，庄氏は「三高興」（三方よし）の理念を提唱し，作る側，売る側，消費者ともに喜ぶことを目指し，卸売商の利益確保に努めた。

　さらに2004年には，ナイスはチャネルの系列化で最も優れている飲料メーカーのワハハに社員を派遣し，ワハハの「連銷体」チャネルの構築や管理のノウハウなどを学習し，自社のチャネル管理を強化した（第6章参照）。ナイスは，卸売商が共通の価値観や共存共栄の関係のもとに，合理的な利益配分や秩序ある一連の取引ルールを常に維持し，各地域の販売状況に合わせて対応しようとした[4]。

（2）高付加価値商品の展開

　ナイスの売上規模は2001年に50億元に達して以降，横ばいの状態が続き，2005年の売上高は59億6,439万元で，前年より10.2％の増加となったが，依然として50億元台にとどまっていた（図7-1）。P&Gの攻勢による価格競争の激化だけでなく，原材料やエネルギー価格の高騰などによるコストの上昇も，ナイスの経営を圧迫させる要因であった。

　ナイスにとって，低価格戦略と広告効果による「雕牌」洗剤の大ヒットといった成功体験が，もはや新たな環境変化に対応できなくなった。研究開発やマーケティング戦略，ブランド・マネジメント，大規模小売企業との取引などを得意とするP&Gに比べ，後発であるナイスは，内資系企業の利点として自国の消費者が何を考え，何が欲しがるのかといった市場ニーズをいち早く察知し，先発的行動をとり，外資系企業がその分野に参入する前に手を打つといった戦略をとるにほかないと庄氏は覚悟した。

　この時期，環境問題への意識が世界的に高まる中で，中国の消費者も省エネルギーや環境に優しいライフスタイルを追求し，健康で安全な天然素材を使用した商品を選ぶ傾向がみられるようになった。このような変化に合わ

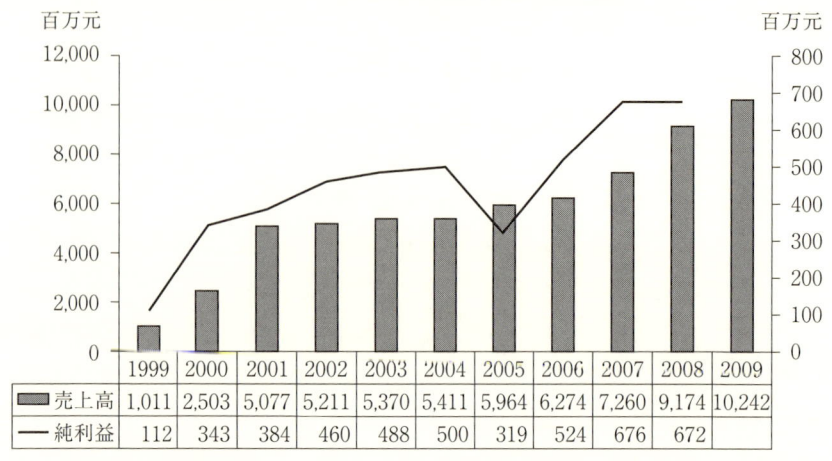

図7-1 ナイスの売上高と純利益の推移

	1999	2000	2001	2002	2003	2004	2005	2006	2007	2008	2009
売上高	1,011	2,503	5,077	5,211	5,370	5,411	5,964	6,274	7,260	9,174	10,242
純利益	112	343	384	460	488	500	319	524	676	672	

（出所）『中国企業管理年鑑』（2003-2005年），『中国企業発展報告』（2005-2009年），社内報『納愛斯報』，2010年2月5日より作成。

せ，ナイスは「すべては生活の質的向上のためである」を企業スローガンとし，商品構造の調整を行った。とくに，低価格競争から抜け出すために，高価格帯で高付加価値の差別化商品の開発に取り組むようになった。差別化商品として，ナイスは2003年にパームオイルを原料とする「雕牌」天然粉石鹸，2004年に透明チューブ包装の高価格帯の「納愛斯」歯磨き剤を開発し上市した。また2006年，従来低価格のイメージが強かった「雕牌」ブランドによる高価格帯商品の展開に限界があったため，新たに「超能」というブランドを立ち上げた。

　高付加価値の商品を展開するには，有効なチャネル管理やマーケティング手法が必要であり，市場を確立するまでに長期間の努力も必要である。とくに，高価格帯の商品の販売は，価格志向の強い農村地域ではなく，所得レベルが比較的高い都市市場に重心を置かなければならない。都市の大規模小売企業との取引を強化するために，ナイスは2005年に重要な取引先に専門的に対応する「重点顧客部」を設け，特定企業との取引交渉を担当する「KA（Key Account）経理」を配置した。

　営業人員に対し，これまで取引の規模や価格の交渉を主な業務としたが，

取引先の一つひとつを特定化することにより、売場陳列の標準化などを含めた現場業務が重視されるようになった。また、ナイスと直接取引を行わない大規模小売企業においても、営業人員は売場の指導や監督などの業務を担うことになった。さらに、近年、祝祭日に福利厚生として社員に石鹸や洗剤などを配布する国有企業などの組織団体の増加を受け、ナイスはこういった大口顧客の獲得も営業人員の重要な業務の1つとした。

大規模小売企業との直接取引を強化するとともに、ナイスは卸売商チャネルの整理を行った。取引規模に応じて、全国の代理商を総合代理商、専売商、重点的専売商の3つのタイプに分け、最終的に代理商を専売化する方針を定めた。また、高価格帯商品の展開に合わせ、ナイスは「利益」、「専売」、「標準店・売場」の3つをキーワードにチャネル管理を強化した。すなわち、第1に、各取引段階での利益分配を明確化したうえ、秩序ある価格体系を構築する。第2に、商品販売の流れをコントロールするために、専売商との取引をチャネルの重心に置く。第3に、高品質、高価格のブランド・イメージを損なわないよう、小売店舗の売場や陳列を重視し、一定の基準を定めて売場づくりに力を入れる。新商品の好調な売れ行きに刺激され、多くの代理商は自ら投資して小売店に陳列棚を提供したり、積極的に市場開拓に取り組んだ。

（3）シャンプーの展開

高価格、高付加価値のブランド展開による戦略転換の一環として、ナイスはパーソナルケア用品市場への拡大を成長の軸に入れた。2006年11月にイギリスの中獅グループ傘下の香港奥妮、裕暘、莱然の3社を1,000万米ドルで買収し、「奥妮」、「百年潤発」、「西亜斯」の3つのブランドおよび83の商標の所有権もしくは独占使用権という知的財産権を取得する一方、研究開発やマネジメントの人材やシャンプーの生産技術などを手に入れた[5]。2008年7月「100年潤発」、「YOU R YOU 我的様子」と「麦蓮」といった高中低の価格帯をカバーする3つのブランドでシャンプー商品を発売し、本格的にパーソナルケア事業を展開した。

ナイスはシャンプー商品の販売に際して、その市場開拓に全面的な指導を

行うパーソナルケア用品市場開発センターを設けた。発売当初，専売代理商のみ取り扱い可能とし，情報システムを活用して，偽物の判別，商品の流れや販売動向を把握する単品管理も可能になった。また，専売代理商，とくに新規創業した中小の取引先に対し，出荷分の一部について信用枠を設定するなど販売政策上の優遇や支援を行った。洗剤とは違って，シャンプーは専売代理商や大規模小売企業を中心に，中心店や店中店といわれるナイス商品の専用コーナーを展開し，大・中都市の小売企業から市・県，鎮，村の小売店まで立地の良い売場の確保に力を入れた。また，学校内の売店や高速道路のサービスエリアにあるコンビニエンスストア，薬局などの新たなチャネルも開拓した。

　また，シャンプー市場への参入に伴い，ナイスはパーソナルケア用品の市場開拓を最も重要な戦略と位置づけ，販売体制の調整を行った。競争の激しい大都市を避け，比較的発展の遅れた地方都市や西北・西南地域に販売子会社を増やし，市場開拓を強化する方針が定められた。また，専売チャネルの強化や販売網の拡大，市場モデルづくりなどを販売子会社の主な任務とし，2009年には販売子会社を55社まで増やした。広東省や浙江省といった重点的な販売地域に都市別に子会社を配置したほか，河北，江蘇，安徽，山東，河南，湖北，湖南，四川などの省にも各3社の複数配置を行うようになった。

　また，ナイスは2010年に独立した別法人として「納愛斯販売総公司」を設立し，営業人材の育成に力を入れた。販売拠点の獲得と店頭陳列提案の強化といった市場開発方針のもと，単なる商品の取引から営業サービス重視のリテールサポート戦略に転換し，営業人員に従来のように注文だけとるといった傲慢な態度を捨て，きめ細かなサービスや支援により小売店の支持を得ることとした。

　一般的には専売代理商は物流投資を行うが，営業人員の管理や教育研修においてはナイスと共同で行う。一部の地域では，携帯電話1台，調査票1枚，カメラ1台といった「3つの1」作業法を実施している。GPS機能付きの携帯電話で訪問するルートを規定し，また随時小売店の要望や発注の問い合わせを受け付ける。調査票に毎日訪問する小売店の販売状況などを詳細

に記録し，それらをまとめて報告する。店頭陳列を改善する前と後の状況を写真で記録し，サンプルとして全体で共有するほか，業績評価にも使用される[6]。

　これらの取り組みにより，ナイスは新製品の市場拡大や価格体系の維持，品揃えの確保も可能になった。店頭（売場）まで目を配れば，各種の販売政策が実行段階でどのような問題があるのかをより発見しやすくなり，それらを改善することができる。このような人力作戦によって，大きな物流投資（トラックなど）と多数の営業人員の確保が必要であり，コスト増加が避けられないと思われる。表7－2に示すように，売上利益率ではナイスはP&Gの3分の1以下となっており，「塵も積もれば山となる」といった売上拡大の方針には非効率さが見られる。しかし，外資系企業との熾烈な競争に強いられた内資系企業にとって，持続的成長を図るためには，残された選択肢はそう多くはない。ナイスの場合，いち早く商品開発力を高め，強いブランド力や売場提案力を蓄積していかなければ，今後さらに激しくなる競争に対抗することが困難であるといえる。

5　おわりに

　以上のように，本章では中国内資系日用品メーカーのナイスの事例を取り上げ，同社の成長や競合環境に伴うチャネル戦略の変化について検討してきた。自社ブランドの構築とともに，業界を先駆けて卸売商チャネルを開拓したナイスは，それ以降もチャネルの維持と強化を図った。庄氏はP&Gやユニリーバなどの外資系企業との熾烈な競争の中で生き残りを図るには，次の2つの方法をとるしかないと考えている。1つは，自国の消費者が何を考え，何を欲しがるのかといった市場ニーズをいち早く察知し，先発的行動をとり，外資系企業がその分野に参入する前に手を打つことである。もう1つは，共通の価値観を持つ卸売商と運命共同体を築き，販売チャネルの確保により外資系企業と対抗することである。

　ナイスはワハハと同様に，流通チャネルの系列化に取り組み，テリトリー制や取引価格の体系を構築し，取引秩序を維持しようとしている。とくに，

高付加価値商品の展開に合わせて，専売代理商を増やし，小売店頭の品揃えや陳列の提案などを強化している。一方，ワハハと違ったのは，ナイスが都市市場での拡大において積極的に大規模小売企業との直接取引に取り組んだことである。しかし，外資系企業に比べ，品揃えやマーチャンダイジング，交渉力などが不足しており，都市市場のチャネル開拓は依然として厳しい状況にある。

卸売商チャネルを中心とするナイスのチャネル戦略とは対照的に，外資系企業は大規模小売企業との直接取引をチャネルの中心に置いている。P&Gのように，高度なマーケティング提案力や交渉力を持ち，大規模小売企業との直接取引により，都市市場ではチャネル優位を築いた。しかし，農村市場において，取引規模に応じたリベートのみのチャネル政策は柔軟さがないため，あまり代理商や卸売商の支持が得られなかった。商品は価格の変動が激しく，市場が混乱しており，仕入れ先が把握できない問題もある。大規模小売企業の販促時の価格は代理商が直接P&Gから仕入れる価格よりも安いことがあり，一部の小規模な代理商や小売店は直接，大規模小売企業の店頭で買い付けることすらあるという。

外資系企業にとって，混乱する中国の農村市場において，多数の卸売業者や多段階にわたる取引の流れをいかにコントロールすべきかを理解するのは難しい。現段階では卸売商の多段階チャネルにまで手を広げる必要がなく，代理商を把握して資金の回収さえできれば十分と判断している企業がほとんどといえる。将来的に地方都市や農村地域でも大規模小売企業が普及すれば，農村で特別のチャネルを構築する必要はなくなり，直接取引のノウハウが十分通用するといった期待があったためと考えられる。

以上のような内資・外資系日用品メーカーの異なるチャネル展開が，今後どのように変化していくのかは興味深い問題である。

（李　雪）

1）大西（1995），pp.132-135，185。
2）ユニリーバは，1930年代に上海で「力士（LUX）」ブランドの化粧石鹸を販売したが，1949年に中国市場から一度撤退した。その後，1986年に上海制皂廠との合弁により

「上海利華有限公司」を設立し,「上海 LUX」ブランドにより再び化粧石鹸の販売を始めた。他方,プロクター・アンド・ギャンブル（P&G）は,1988年に香港商社のハチソン・ワンポア,国営石鹸メーカーの広州石鹸廠との共同出資により「広州宝潔有限公司」を設立し,中国では初めてシャンプーを展開した。
3）庄啓伝は1968年に下放され,1971年に都市に戻され,麗水工場に配属された。生産現場,仕入・営業などの仕事を経て科長や副工場長を歴任した。
4）2004年,2005年の株主代表および従業員代表大会における年度事業報告により。
5）しかし,今回の買収により,ナイスは「奥妮」をめぐる商標権紛争に巻き込まれた。2006年4月,重慶奥妮の経営困難に伴い,同社が所有する「奥妮」などの商標の競売が行われて,広州の日用品メーカーの立白集団が3,100万元で「奥妮」など23の商標を落札した。2006年ナイスは香港奥妮の買収により,「奥妮」の新たな所有企業になった。「奥妮」の所有権をめぐって,立白は香港奥妮を起訴した。裁判は4年間続き,2010年11月に広東省高級人民法院結局「奥妮」の所有者は立白であると裁定された。
6）『納愛斯報』2011年,第1期（総第182期）2011年1月5日。

参考文献
大西憲（1995）『中国の産業と企業─中国の香料,化粧品,食品業界をモデルケースとして─』フレグラアンスジャーナル社。
肖栄（2009）「中国 P&G のブランディング」『立命館経営学』第47巻5号,pp.389-413。
何暁春・馮永明（2009）「中国造追趕洋品牌：納愛斯向"上"宝潔向"下"」『浙商』3月号。
顧克非（2003）「納愛斯揮師広東」『消費日報』9月12日。
徐有其・謝栄福（2002）「納愛斯的成功之路」『中国洗滌用品工業』第2期（総第74期）。
庄啓伝（1999）「納愛斯的取勝之道」『今日浙江』第16期。
浙江納愛斯化工股份有限公司（1995）「以市場為依託　以科技為支撐」『浙江財税与会計』第9期。
谷俊（2004）「宝潔 VS 納愛斯─射与雕的驪歌─」『日用化学品科学』9月号。
鄭春明・谷俊（2004）「成就日化巨頭的坎坷征程」『銷售与市場』第17期。
白韶俊・許揚帆（2005）「論納愛斯持久戦」『IT 経理世界』1月20日。
李円・賀志剛（2004）「納愛斯神話能否延続」『IT 経理世界』6月5日。
劉源（2003）「宝潔渠道之変」『互聯網週刊』第26期。
劉志明（2003）「奇強 VS 雕牌─洗衣粉市場龍虎闘─」『工場管理』7月号。
姚中福（1998）「納愛斯─由小做大的企業─」『市場経済導報』第5期。
「2005『馴商』計画淡出─宝潔中国営銷否定之否定─」『21世紀経済報道』2003年4月3日。
「宝潔,納愛斯終端争奪戦」『第一財経日報』2006年1月4日。
「宝潔中国総裁羅宏斐─本土対手逼迫宝潔向他們学習─」『21世紀経済報道』2004年8月23日。

「納愛斯　図謀大日化覇主」『経営者』2008年，第12期，p.40。
「納愛斯読懂中国人価値観」『成功営銷』2004年，第1期，p.77。
『納愛斯報』1995-2012年。

日系メーカーの
チャネル戦略：

第8章

資生堂ファイントイレタリー事業の事例

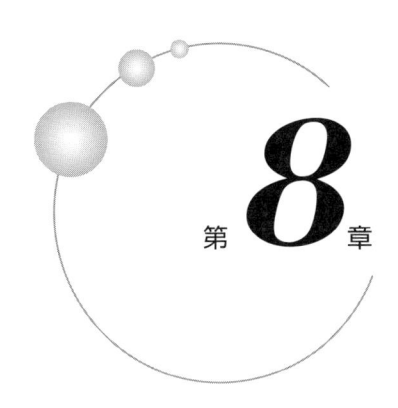

1 はじめに

　本章では，資生堂のファイントイレタリー事業の事例を取り上げ，チャネル戦略を中心に中国市場戦略の成功要因および競争力の源泉と方向について検討していく。

　資生堂の中国市場戦略については，比較的多くの先行研究が存在する。例えば，山下・他（2006），宝子山（2007），劉（2008），山本（2010），李（2010）；（2011）があげられる。しかし，これらのほとんどは資生堂の化粧品事業を対象にしており，しかも主としてブランド戦略の観点から検討されたものといえる。

　ここで資生堂のファイントイレタリー事業を取り上げるのは，第1に，売上規模やマスコミ等への露出の点で化粧品事業の影に隠れて目立たないものの，日系の日用品メーカーの中で，比較的良好な成果を残すことができていることによる。第2に，その成功がブランド戦略だけでなく，代理店政策やチェーン小売企業対応などチャネル戦略領域に依るところが大きいからである。そのため，本研究は先行研究の空隙を埋めるものと位置づけられる。

　ここで資生堂のファイントイレタリー事業の主体について，簡単に整理しておく。2000年以前は資生堂グループの事業部門という位置づけにあったが，2000年に100％子会社の株式会社エフティ資生堂として独立した。その後，2006年のメガブランド戦略の導入および化粧品事業とファイントイレタリー事業を融合した新たなマーケティング，営業体制の確立という，資生堂

全体の戦略転換の中で，ファイントイレタリー事業を含めて資生堂本体が采配をふるうようになっている[1]。

ファイントイレタリー事業の中国市場への参入は1998年に始まり，2003年から本格的に展開される。したがって，本格展開開始時の主体はエフティ資生堂であり，当時300品目の取り扱いがある中で，中国市場の状況を踏まえ「水分ヘアパック」など18品目が厳選して投入された。そして2006年からは当時メガブランド戦略の目玉として位置づけられていた「TSUBAKI」を含め資生堂ファイントイレタリー事業として，化粧品事業とは一線を画して展開されていくことになる。

本章では，資生堂ファイントイレタリー事業の競争力を検討するにあたって，次のような考え方を採用する。同事業の成功はブランド戦略の観点からみると，高品質品を求める消費者層にターゲットを絞り，一般普及品とは異なる高級品カテゴリーの開拓・深耕に集中特化したことに依るところが大きいといえる。これはポジショニング理論からみれば，市場集中戦略とも差別化戦略ともいえよう（Porter 1998）。

しかし，これだけでは，なぜ資生堂ファイントイレタリー事業が成功でき，他の企業はできないのか，あるいは他の企業も同様のポジショニング戦略を採用すれば成功が保証されるのか，といった疑問に答えることができない。こうした疑問に答えるためには，組織能力論（Chandler 1977），VRIOフレームワークに基づく資源ベースビュー（Barney 2010），ケイパビリティ論（Langlois and Robertson 1995）などに依拠しながら，その企業ないし事業部門が他企業には模倣困難ものとしてどのような特異的な経営資源を持ち，それをいかに有効に行使したかを明らかにする必要がある。本章は事例研究を主たる目的としているため，理論フレームについては整理する余裕はないが，以上のような観点から資生堂ファイントイレタリー事業の実際の展開について整理，検討していくこととする。

本章の構成は次のとおりである。まず，2節で資生堂全体の中国市場戦略について概括的にみていく。そのうえで，3節でファイントイレタリー事業の中国市場戦略とその成功要因等について検討する。そして，4節で資生堂ファイントイレタリー事業の競争力の源泉と今後の方向について展望する。

2　資生堂の中国市場戦略

(1) 輸入販売から現地生産・現地販売へ

　資生堂の海外進出の歴史は1957年の台湾進出から始まり，現在では70を超える国・地域で展開している。資生堂では，海外進出の基本理念として次の3つを掲げている。①自社のオリジナリティを大切にする。②現地のリソースを最大限に活かす。③よき企業市民として現地に根付く。また，海外展開におけるマーケティングは，ハイ・クオリティ，ハイ・サービス，ハイ・イメージの3つをポリシーとしており，中国においてもこの考え方を基本として事業活動を推進してきているという[2]。

　中国進出は，1981年，北京市政府の友誼商店や北京飯店などの大型小売店や外国人専用ホテルで資生堂化粧品，石鹸，歯磨きなど60品目を輸入販売することからスタートした。その際，メイン顧客に設定していたのは，総人口の1％に属する高所得者層であった[3]。

　その後，1983年，北京市とヘアケア製品を対象とした第一次生産技術協力協定に調印し，1991年の第4次生産技術協力協定まで10年間にわたり技術供与を続けた。1987年には，北京市との協定に基づいて「華姿（ファーツー）」ブランドを立ち上げ，中国での生産・販売を開始した。しかし，この時点の中国の技術レベルでは，資生堂ブランドに課している品質保証のハードルをクリアするのは難しいという判断から資生堂の名を使うのは避けたという[4]。

　1991年には，北京市とのこれまでの関係を基盤に，北京市第一軽工業局傘下の国営企業である麗源公司との合弁会社として，資生堂麗源化粧品有限公司（SLC）を設立し，主としてグローバル「SHISEIDO」ブランドの輸入販売を行うなどによって，本格的に中国での百貨店事業に乗り出した。そして，1994年，SLCが中国女性のために現地生産する高級ブランド「オプレ」を開発し，高級百貨店チャネルで販売を開始した。開発にあたっては，中国女性の肌，気候風土，水質などを調査・研究し，「中国女性のための信頼と

安心のコンサルテーション」をコンセプトとし，中国の百貨店化粧品市場の拡大とともに成長してきたという[5]。「オプレ」は，シドニーおよびアテネのオリンピックで中国選手団の公式化粧品に認定されるなど，「国民ブランド」といえるまでになった[6]。

そして1998年，華東CITICとの合弁会社として，上海卓多姿中信化粧品有限公司（SZC，上海ゾートス）を設立し，「ジーエー」や「ピュアマイルド」などノン資生堂ブランドの中価格帯化粧品をミドルマス（資生堂の社内用語ではマステージ）層をターゲットにした，主として地方の専門店チャネル向け製品として[7]，現地生産・現地販売を開始した。さらに，化粧品専門店やハイパーマーケット，ドラッグストアなど向けに，ファイントイレタリー製品（シャンプー，リンスなど）を販売するエフティ資生堂の事業を開始した。これらを合わせてミドルマス事業の本格展開に着手することとなった。

（2）化粧品専門店事業の展開

2003年，資生堂は上海に100％子会社の持ち株会社，資生堂（中国）投資有限公司（SCH）を設立した。SCHは資生堂中国の本部機能を担うとともに，持ち株会社として北京のSLCと上海のSZC，2002年4月北京に設立した資生堂（中国）研究開発中心有限公司と資本関係を持った。そして，SHCの直轄事業として，中国における化粧品専門店のネットワーク化を目指す化粧品専門店事業を展開した[8]。

この事業は，日本のチェインストア契約をモデルにしたもので，2004年始めから地方都市の専門店の開拓に本格的に着手し，契約店数は2006年12月末で中国全土約1,700店に達した[9]。さらに，2008年末には約3,300店[10]，2011年末には5,000店超と着実に増加してきている[11]。

ここで注意すべきは，当時，中国において化粧品専門店は百貨店に比べて消費者の信頼が極端に低かったことである。その信頼の低さを払拭するために，資生堂の社員が売り場つくりから販売部員の教育，店頭装飾，顧客管理まで1店1店手作りで店を立ち上げ，「資生堂イズム」の浸透を図った。また，債権回収の問題があることから，入金があってから商品を渡すという前

金制をとり，そうした契約に同意できる店とのみ契約することとした。そのために店舗選択が重要で，各市単位で取り扱い希望店を募るために定期的に資生堂チェインストア説明会を開催し，毎回100店程度集まる中から厳選し，最終的に10店にも満たない店と契約したという[12]。

　2006年10月には，専門店事業のいっそうの強化を目指して，現地生産ブランドの化粧品専門店専用商品として「ウララ」を開発し市場投入した。「ウララ」は発売から2ヵ月で専門店の売上の30％を占める人気商品に成長したという[13]。

　ここまで店舗を厳選しながら化粧品専門店事業を育成してきたのであるが，それでも市場拡大スピードの速さもあって，店舗間格差が顕在化してきた。そこで，その対策の意味も込めて，2008年に「ピュアマイルド優秀販売店」認定制度を開始した。認定条件は，毎月1万5,000元の売上があり，しかも伸びていること，ピュアマイルド専用のカウンターを設けることなどであり，認定を受けると，店頭に「優秀販売店」という看板がつけられ，資生堂の中国現地法人と直結したPOSシステムが無料で提供されるといった支援を受けられるようになる。POSシステムが導入されることによって，販売店が顧客に会員カードを発行し，肌の状態や購入履歴を記録することで，資生堂の営業担当者が販売店に商品の仕入れや販売について綿密にアドバイスできるようになった。同制度がスタートして1年で，認定店舗は約600店に達したという。欧米ブランドは大都市の百貨店では強さを発揮しているが，中小都市や農村部にはいまだ浸透できていなかったため，専門店ネットワークの構築は資生堂の強みとなった[14]。

（3）百貨店，専門店，薬局のマルチチャネル戦略

　資生堂は，専門店チャネル構築と並行して，百貨店チャネルの強化に取り組んだ。とくに高級百貨店チャネルでは，ロレアルやエスティーローダー，クリスチャン・ディオール，シャネルなど欧米ブランドをはじめ，資生堂以外の日本メーカーも相次いで参入してきたことから，激しい市場争奪戦が展開された。そうした中で資生堂は，2006年にSLCが展開する百貨店事業の15年合弁契約期間の第1期が終了し，2007年に第2期をスタートさせた。

資生堂の百貨店チャネルの特徴は，最高級化粧品「クレ・ド・ポー・ボーテ」をはじめとして日本，米国から輸入し百貨店にカウンターを設けて販売するグローバル「SHISEIDO」の輸入品カウンターと，「オプレ」など中国人向け現地開発・生産製品の両方を展開していることにある。とくに資生堂の特徴は後者にあり，「オプレ」は当時中国全土で700店以上の百貨店カウンターで販売されていたが，そのいっそうの拡充・強化が図られた。

　まず，第1期最終局面の2006年11月，資生堂（中国）研究開発中心有限公司の協力で「シュープリームオプレ」を開発し，「オプレ」より価格帯が3〜4割高い新高機能プレステージブランドとして，上海と北京の2つの高級百貨店に美容知識やコンサルティング能力が高い美容部員（ビューティコンサルタント）を選抜配置する専用カウンターを設け販売開始した。

　さらに，2008年4月には，「オプレ」の商品，コミュニケーション，カウンター，ユニホーム，店頭対応，ウェブサイトなどすべてを14年ぶりに一新するリニューアルが行われた。新「オプレ」発売から1年で2桁の成長を確保するとともに，「80后（バーリンフォー）世代」（一人っ子政策下の1980年代に生まれた可処分所得の高い世代）のユーザーを獲得することにも成功したという[15]。

　百貨店にしろ専門店にしろ，カウンセリング・セールスの形態をとっている以上，販売力は店頭の美容部員や専門店経営者の力に依るところが大きい。しかし，中国全土のすべての美容部員と専門店経営者を直接指導するのは難しい。そこで，2008年4月，常設研修施設としては海外初の研修センターを上海にオープンした。そこで中国人の教育スタッフ（トレーナー）や地域ごとのビューティインストラクター（BI）を育成しており，センター開設から1年間で研修を受けた人は延べ1万2,000人にも上ったという[16]。

　さらに，2010年3月から，薬局チャネル向けに新ブランド「DQ」を発売した。もともと薬局で化粧品を購入する層は肌トラブル意識が高いことから，スキンケア効果を高めた新ブランドを投入することで，薬局を第3のチャネルとして育成することとした。

　以上の百貨店，専門店，薬局のマルチチャネル戦略によって，中国事業は資生堂の成長エンジンと評価されるまでになった。2010年には資生堂の中国

売上高は1,000億円を突破した。資生堂の売上全体の4割弱を海外売上が占めており，その約3分の1を中国事業が占めており，その比率は年々上昇傾向にあるという[17]。

そうした中で，資生堂は2011年春スタートした中期3ヵ年計画においてニューフロンティア戦略を打ち出した。そこで中国における新たな販路拡大策として，中国のインターネット利用者が2010年にアメリカを抜き世界1位になったことを背景にして，WEBマーケティングの本格展開を図っている。その際，中国でブランドの認知率が高い「ピュアマイルド」から中国での通販専用シリーズとして「ピュアマイルドソワ」を開発し，2011年9月から専用サイトを立ち上げ，「80后世代」の自然派志向層を主なターゲットとして，スキンケア14品目を発売した。このサイトでは，問い合わせ対応のコールセンターを設置し，オンラインカウンセリングを実施することで，顧客一人ひとりの肌質やニーズに合わせて商品選択ができるようにしているところに最大の特徴があるという。

また，ファイントイレタリー分野では，ヘアケアブランド「TSUBAKI」について，当初は日本からの輸入品を一部で販売していたが，中国女性の髪質や志向に合わせてローカライズして現地生産し，2011年12月より販売することとした。当面はハイパーマーケット，ドラッグストアを中心に1万店規模でスタートし，需要増に備えて上海工場の第4工場棟の建設にも着手するという[18]。

3 中国における資生堂ファイントイレタリー事業の展開[19]

(1) 中国市場参入

以上の資生堂全体の中国市場戦略を踏まえ，ファイントイレタリー事業の中国戦略についてチャネル戦略の側面に焦点を合わせてみていこう。もともと資生堂では，価格帯や販売方法の違いから，ファイントイレタリー製品と化粧品とは完全に別のチャネルで販売する戦略をとってきており，中国にお

いても同様の方法が採用された。ファイントイレタリー事業の担い手であるエフティ資生堂の中国進出は，すでにみたように資生堂全体の中国戦略の一環として，1998年にスタートした。その際，資生堂から課せられた課題は3つあった。

第1はエフティ資生堂の事業は資生堂がすでに中国で展開している事業インフラを活用することとし，新たな投資は最小限にするということであった。第2は中国国内への並行輸入品および偽物への対応であり，第3は値引き販売への対応であった。これらは，資生堂ブランドをどう守るかという問題であり，資生堂ブランドを毀損するようなことがあれば撤退もありうるとされていた。

また，参入当初に5年計画を作成しており，5年後の黒字化，現地生産化の推進，上海・天津・広州3地域における展開を目指していた。

最初の展開はシャンプー，リンスのスーパーマイルドの輸入販売であった。これはジョンソン&ジョンソン（JJ社）との協力関係に基づく事業で，輸入したスーパーマイルドをJJ社の上海と成都の販売ルートを借りて市場展開するというものであった。JJ社は品揃え拡大により自社製品の売上拡大が見込めると考えたようだが，その目論見とは異なり，自社製品よりスーパーマイルドの売上の方が大きくなってしまった。そのため，JJ社は次第にスーパーマイルドを販売する意欲を失い，最終的に協力関係を打ち切ってきた。

これによって，当時のスーパーマイルドの販売作戦は失敗することになった。しかし，資生堂側としては，頭皮用のシャンプーやリンスがほとんどという当時の中国の市場状況および消費習慣の中で，スーパーマイルドのような洗髪用のシャンプー，リンスが受け入れられる可能性が高いことを実感させられたという。

（2）販売チャネル構築

その後，2003年から中国市場戦略が本格的に展開されることになる。すなわち同年8月，日本で生産する「水分ヘアパック」（中国では「アクエア」，漢字表記は水之蜜語」）および「ティセラ」ブランドのシャンプーやリンス，

トリートメントなど18品目を輸入し，上海や北京などのチェーン小売企業，百貨店などで販売することとした。なお，当初は同年4月上市が予定されていたが，SARS（重症急性呼吸器症候群）大流行の影響で4ヵ月間延期になっていた。

　主力商品と位置づけた「水分ヘアパック」については，表面のブランド表記はあえて日本語のままとして，日本製であることを強調するとともに，価格帯も中国国内ブランドが通常10〜20元程度であるのに対して，25〜60元と高めに設定し，高級ブランドとして定着を図る方向を基本とした[20]。その後，2006年から現地生産に移行したが（その時点から「アクエア」の英語表記は消した），原材料を含め生産管理を徹底し高品質イメージの維持に努めた。現地生産によって，小売側から価格引き下げ要求があることが予想されたことから，その対策として，従来の取引条件を基本的に変えずに，輸入品の容量が550mlであったのに対して，現地生産品を600mlとして価格は同一とした。

　販売チャネルとしては，SLCの子会社として設立された北京花之友化粧品銷售中心を総販売代理店とし，当初は北京，上海両地域の代理店を通じて，約400の小売業者に商品を供給するというかたちをとった。同年12月までの卸売上として2億円（約1,300万元）を見込み，2005年度には取扱店数5,000店，卸売上10億円（約6,700万元）を目指すというのが当面の計画であった[21]。

　発売前の準備期間中に注力したのは，聯華，カルフール，メトロ，ワトソンズをはじめとするチェーン小売企業との商談と，並行輸入品対策であった。とくに後者については，上海市の公安当局や南京市の解放軍の協力を得ることができ，華東地区での並行輸入品対策は比較的成功したという[22]。また，全国の取引先小売店に対しても――並行輸入業者等から小売の仕入れ担当者に賄賂が支払われていることもあったというが――並行輸入品や偽物に厳しく対応するよう要請した。なお，2004年に上海にSCHが設立されると同時に法務部が設けられ，政府の許認可関係と合わせて並行輸入品や偽物対策を担当することになった。

　その結果，2003年12月までの実績で，百貨店地下のスーパーマーケットや

ハイパーマーケットの一部を主要な販路として約130店舗開拓し，合計約1億3,000万元の売上を上げることができた。これは当初の目標の約10倍の数値であるが，1店当たり売上が予想以上に高かったことによる。例えば，北京のイトーヨーカ堂では，1ヵ月平均で約200万近く「水分ヘアパック」が販売されたという。2004年1月から10月で売上10億元を達成し，2006年には単年度黒字化を達成したという。

　これに勢いを得て，2006年にはハルビン市（中国東北部の黒竜江省の中心都市），2007年にはウルムチ市（新疆ウイグル自治区の首府）に代理店を設立し，中国全土をカバーする販売チャネルの体制を整えた。ハルビンは第2次大戦前から日本と関係が深いところであることもあって，もともと地元の百貨店などで資生堂の化粧品がよく売れている地域であることから，販売拠点を置いた。また，ウルムチにはカルフールなどが出店を開始しており，販売が好調であったにもかかわらず，受注から納品までのリードタイムが1ヵ月もかかったことから，販売拠点を置くことにしたという。

（3）マーケティングの狙いと活動

　マーケティングで最も注力したのは，シャンプーだけでなく，リンス（コンディショナー）をいかに使わせるかという点であった。「水分ヘアパック」の製品コンセプトは中国の乾燥した気候に非常にマッチしており，中国の消費者にアピールしやすかった。

　価格帯は，先に述べたように高級イメージを打ち出していることから，ほぼ日本と同じ価格設定としていた。当時，中国の一般的な商品は「二合一」というリンスイン・タイプで，低価格帯のP&Gのリジョイがトップブランドであった。中国の2003年度の化粧品およびトイレタリーの市場規模はおよそ1兆2,000億元で，P&Gはそのうち1,500億元を占め，シャンプー，リンスでは50％以上のシェアを握っていたという。

　こうした市場状況の中で，「水分ヘアパック」は消費者の上位3分の2以上の層をターゲットとした。これは，2002年の数ヵ月間にオフィスビルや高級住宅地でマーケティングリサーチを実施した結果，6～8割の消費者が高品質品への購買意欲を示したことによっており，そうした品質を重視し，高

いお金を払う用意がある比較的高収入のホワイトカラーでファッションに関心が高い若い女性（20～39歳）をメインターゲットとすることにしたという[23]。ただし，高校生などの若年層からも支持され，彼女らにはミニサイズ（ポンプサイズのシャンプーが65元であるのに対して，ミニサイズは28元程度）が爆発的に売れたという。

　広告宣伝活動については，当初から独立採算の方針が決められていたので，予算的にテレビCM等はほとんど実施できず，2005年に1回だけ実施した[24]。それに対して，主要ターゲットである外資系OLの雑誌の購読率が高いことから，雑誌広告に最も力を入れた。また，店頭コミュニケーションにも重点を置き，商品自体を広告に使って大型ポスターや店頭パネル作成した。例えば，カルフールやイトーヨーカ堂などで，小売側の協力を得て，「水分ヘアパック」のポンプサイズを積み上げて天井まで真っ青の売場を作ったり，真っ青の制服を着せたアクアエアガールを使って店頭サンプリング等を行った。店外でのサンプリングも，高級マンションの入り口や大学の門などで実施した。高級マンション，ホテル，事業所ビルやエレベータ，駅構内などのデジタルサイネージも積極的に活用した。

　中国でのブランドイメージ構築には，色が重要な役割を果たしている。「水分ヘアパック」の青のパッケージは先にも述べたように，乾燥した気候に合う潤いを感じさせ非常に受け入れられた。また，2007年12月から，「TSUBAKI」を中国市場に導入したが，最初の赤いパッケージは中国でとても受け入れられやすい色といえた。それに対して，その後発売した白いパッケージは，そのままでは受け入れられないのではないかとの心配もあったが，事前のグループディスカッションなどによるマーケティングリサーチによって，白字に金色の文字が入っていることから問題ないと評価され，そのまま市場導入した[25]。

　ところで，「資生堂」ブランドの活用については，当初，次のような制約があった。すなわち，資生堂のグローバル戦略の中で，ファイントイレタリー部門では「資生堂」ブランドを一切使ってはならないこととされていた。そのため「水分ヘアパック」については，当初，輸入販売であったことから，コストをかけて中国語表記のラベルを貼ると同時に，資生堂のマーク

を消す作業を行わざるを得なかった。2006年に現地生産に移行してからは，こうした問題はなくなった。ただし，中国の消費者は商品ラベルをよく読む習慣があることから，裏面に小さく「資生堂」と表記されていることで，多くの消費者はその商品が資生堂のものであると理解していたという。

(4) チェーン小売企業との交渉と取り組み

　一般論としていえば，中国は契約社会である。契約さえしっかりしていけば，いろいろな意味で問題が発生したときに，契約はこうなっているということを主張できる。チェーン小売企業との取引で，そうした点が最も現れるのは欠品問題である。小売側は品切れが起きた時，その分の損失の補償を代理店に要求してくる。したがって，メーカーとして在庫管理をいかに適切に行うかが非常に重要になった。

　市場参入当初は規模が小さかったものの，すでに並行輸入品が市場に多く出回っていたことから，チェーン小売企業は商談に比較的スムーズに応じてくれた。その場で，小売，卸，資生堂の三者が共存共栄できる関係を築こうというビジョンを示した。

　取引条件については，当初すべて輸入品ということもあって，非常に厳しく設定した。とくに，並行輸入品の取り扱い中止とともに，販売価格について，全国統一納入価格を基準にした「定価販売」の厳守を要請した。すでに述べたように，これは中国市場参入にあたっての資生堂本体からの絶対条件であった。中国の商習慣として春節（旧正月）等に優待として社員に現物を支給するということが行われていたが，これについても価格維持の対象とした。当時，中国には再販売価格維持行為を取り締まる規制が存在しなかったため，合法的に実施できた。

　チェーン小売企業の多くは，はじめは「定価販売」について非現実的である等と非常に反発したが，値引き販売をすれば商品を納入しないと宣言し実施を求めた。その結果，小売側の理解を得ることができ，高級ブランドとしてのイメージづくりに成功した。

　チェーン小売企業との取り組みという側面では，売上高に応じた小売店のランク付けがベースになっている。すなわち，中堅小売企業20社および主力

拠点企業，単店につき年間3万元以上を売る店，それらが37～38社があり（例えば，最大手クラスのワトソンズの売上は毎月約1億2,000～3,000万元），そこに集中的にマーケティング費用を投入し，イベントの実施やオリジナル企画販促品の提供を行ってきた。いわば，値引き販売の禁止という条件を，こうしたことで補ってきたといえる。

また，イトーヨーカ堂については，棚割り提案の要望があったので，POSデータ等を提供してもらい，日本に送って分析し，その結果に基づいて定番棚割り表を作成した。こうした取り組みを今後さらに拡大していきたいと考えている。ただし，外資系を含む中国のチェーン小売企業のほとんどは，「入場料」の一環として，メーカーに売場の「棚を売る」という商慣行が定着している[26]。そのため，棚割提案等を行うことは，メーカーにとって難しい状況にある。

（5）代理店との関係

代理店との関係では，毎年10月に開催している次年度方針発表・戦略会議を重視している。そこで次年度の新製品紹介と販売目標と取り組み方法の提示を全体に行うとともに，代理店別に具体的な戦略を擦り合わせる。これで年間売上はほぼ確保できることになる。従来，日本で展開してきた代理店政策を中国に適用したものといえる。

上述のように，SLC子会社の北京花之友化粧品銷售中心を総販売代理店とし，各地の有力業者と代理店契約を結んだ。契約先は，北京では伊藤忠商事系の卸売業者である伊藤忠華糖総合加工公司を選定した。上海では，まず百紅と交渉したがまとまらず，揚子江沿いの国営企業・銀行を中心とする長江集団と組むことにし，同集団の専門卸売業者である長発豊源日化用品有限公司と契約した[27]。とくに長江集団は，中央および地方の政府機関とコネクションが強く，さまざまな場面でそれが役に立った。その後，2006年にハルビン，2007年にウルムチで代理店契約を結び，中国全土をカバーする販売チャネルを築いたことは，先に述べたとおりである。資生堂のファイントイレタリー事業が比較的上手く展開できたのは，こうした代理店と組めたことによる面が大きいという。

図8－1 資生堂ファイントイレタリー事業の中国市場での商流および物流

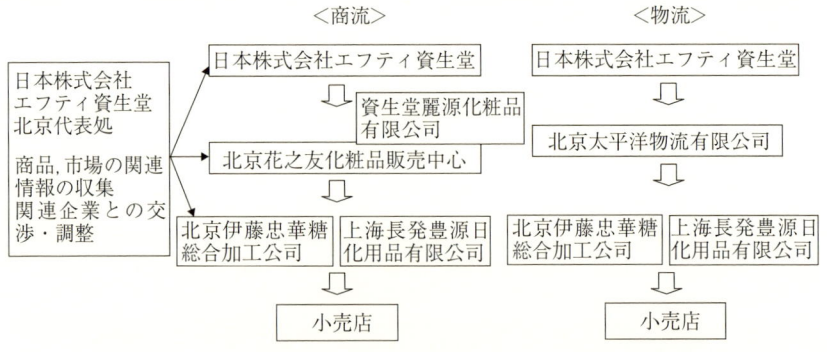

＜商流＞　　　　　　　　　　　＜物流＞

```
日本株式会社                日本株式会社エフティ資生堂        日本株式会社エフティ資生堂
エフティ資生堂      ┌──→                              ↓
北京代表処          │        資生堂麗源化粧品
                    │        有限公司                   北京太平洋物流有限公司
商品，市場の関連    ├──→                              ↓
情報の収集          │        北京花之友化粧品販売中心
関連企業との交      │
渉・調整            │    ┌──────────┬──────────┐   ┌──────────┬──────────┐
                    └──→│北京伊藤忠華糖│上海長発豊源日│   │北京伊藤忠華糖│上海長発豊源日│
                         │総合加工公司  │化用品有限公司│   │総合加工公司  │化用品有限公司│
                         └──────┬──────┴──────┬──────┘   └──────┬──────┴──────┬──────┘
                                ↓                                    ↓
                              小売店                              小売店
```

（出所）「資生堂与衆不同的大衆路線」『科技智嚢』2003年9月，p.40に基づき作成。

　物流については，資生堂側が物流拠点を建設し，運営を専門業者に委託する方式をとった。そこから各地の代理店を経て中国全土のチェーン小売企業などに配送した。最初の物流拠点は伊藤忠傘下の北京太平洋物流公司に委託し，その後，各地の販売状況に合わせて上海などに物流拠点を建設した[28]。以上の商流・物流の2003年時点の状況を簡単に整理すると図8－1のようになる。

　代理店との関係については，教育・研修面を含めた密接なコミュニケーションに基づいて，共存共栄の関係を構築することを徹底的に図ってきた。例えば，週1回の営業会議，月1回の全体会議などを開催し，代理店から提供される販売データに基づいて，小売店別の販売管理や店頭管理について詰めていった。これらは日本で実施してきている方式に準じるものといえる。

　とくに注意した点は，第1に期末に無理な「押し込み販売」をさせないということがあげられる。「押し込み販売」をすると小売側に在庫が滞留し，値引き販売への誘因となりかねない。そのため，上記の戦略会議で決めた年間販売計画に沿って，計画的に販売するよう代理店を指導した。そして，戦略会議で決めた目標を達成した代理店には目標達成感謝金というインセンティブを提供した。

　第2にあげられるのは，代金回収の問題である。中国では，多くのメーカーがこの問題に悩んでいるという状況の中で，月末締め翌10日払いを徹底

した。日本で実施している現金決済，現金取引に準じた方法で，これが上手く機能したおかげで，代理店から信頼される関係が築けたという。

（6）中国市場で成功するための留意点

　資生堂のファイントイレタリー事業の売上高は，2000年代後半で50億円程度，「TSUBAKI」のグローバル展開後，2012年度には150億円規模に達した（売上比率は「水分ヘアパック」を100とすると，「TSUBAKI」は50，スーパーマイルドはその半分程度）。資生堂全体の中国事業売上は1,000億円を突破しており，そこに占めるシェアはまだ小さいが，成功した事業の分類に含めることができると社内外から評価されている。

　そうした実績を踏まえて，中国市場で成功するための留意点を整理すると，次の３点があげられるという。

　第１は，在庫管理である。日本の常識では一般に在庫はできるだけ少ない方がいいといわれるが，中国ではリスク対応のために常に販売できる在庫を３ヵ月持たねばならない。これはチェーン小売企業等から突然どのような要請があるかわからないことや，欠品したら大きなペナルティが課せられることによる。さらに，輸入品については，通関中の在庫についても３ヵ月分持った。というのは，通関期間に最短で２ヵ月かかり，保税倉庫に入れラベルを貼り，ラベル検査を税関から受ける。何かあって手続きが進まなくなると，１ヵ月ぐらいは延びてしまう。そのため安全在庫として３ヵ月分を余分にみなければならない。こうした点は日本の本社の生産・物流計画との擦り合わせでいつも問題となるところであり，中国側の事情を考慮してもらう必要があった。

　第２はブランドイメージの構築に関連する。インターネットが普及していることから，中国の消費者は日本の商品およびその販売価格についてよく調べている。そのため，高品質イメージを確立するためには，日本の価格との差があまりないような価格設定が望ましい。また，漢字文化圏であるため，ブランドのネーミングは簡潔で理解しやすいものにすることが重要といえる。その際注意すべきは，イメージを悪くする漢字があることであり——例えば，ファイントイレタリー事業関連の製品では「尿素10％クリーム」の

「尿」の字が該当する——その点について事前にグループディスカッションなどで把握する必要がある。

第3に代理店との関係については，先にも述べたが，お互い利益が上がる共存共栄の関係を築けるかどうかがポイントになる。

4 おわりに：資生堂ファイントイレタリー事業の競争力

以上，資生堂の中国市場戦略の全体像を踏まえつつ，同社ファイントイレタリー事業の中国市場での展開と成功要因について検討してきた。ここでは，資生堂ファイントイレタリー事業の競争力について整理することで，本章のまとめとしたい。

冒頭でみたように，資生堂ファイントイレタリー事業の競争力は，ポジショニング理論ではなく，経営資源の内容に踏み込んだ理論フレームで明らかにする必要がある。それでは，同事業の競争力を支える経営資源とはどのようなものであろうか。結論的にいえば，同社ファイントイレタリー製品のブランド価値を前提にした，代理店との共存共栄の関係を構築・維持する能力にあるといえる。そして，そうした能力を踏まえて，チェーン小売企業との関係を上手くコントロールし，化粧品本体に比べれば規模的に劣るとはいえ，良好な事業成果を残すことができたのである。

以上を敷衍すると次のようになる。まず，資生堂ファイントイレタリー事業の製品ブランドは，皮肉なことに同社参入前から並行輸入品を通じて，中国市場でその価値を認知されており，正規品の上市前にはすでに一部消費者の支持を獲得していた。こうした製品ブランド価値の高さが，同事業の規模の割に，各地の代理店との契約に際して強い交渉力を持たせる要因となったことが前提として確認できる。

こうして形成された代理店との関係において，資生堂側は，戦略会議や教育・研修を通じて，販売システムや人的資源等にかかわる資源の蓄積を代理店側に求めてきている。これは，日本において蓄積してきた代理店との共存共栄の関係構築・維持ノウハウを応用したものであり，資生堂側の組織能力

図 8 − 2　経営資源の模倣困難性と資産特殊性からみた流通チャネル関係の類型

	製造業者主導型	パートナーシップ型
資産特殊性　高い	製造業者の代替的取引相手：多 流通業者の代替的取引相手：少	製造業者の代替的取引相手：少 流通業者の代替的取引相手：少
資産特殊性　低い	**伝統的チャネル** 製造業者の代替的取引相手：多 流通業者の代替的取引相手：多	**流通業者主導型** 製造業者の代替的取引相手：少 流通業者の代替的取引相手：多
	低い	高い

経営資源の模倣困難性

(出所) 原 (2011), p.228を一部修正。

の――化粧品事業における百貨店や専門店との関係構築・維持能力と並ぶ――核心部分の1つといえる。それらによって，代理店は，資生堂ファイントイレタリー製品のチェーン小売企業向け販売にかかわる優れた流通サービス能力を蓄積することになる。これを取引費用論の観点からメーカー側からみると，資生堂ファイントイレタリー事業は，代理店から自社向けにカスタマイズされた優れた流通サービスを確保することを意味する[29]。

しかし他方で，こうした関係は代理店にとっては，他メーカーとの関係に直接的には転用し難く，サンクコスト（埋没原価）化する関係特定的投資を意味する。それによって形成される資産特殊性の高さは，一般的にいえば，代理店にホールドアップ問題をもたらし，製造業者主導型の流通チャネルの形成へと導く。

しかし，こうした取引費用論の見方は現実妥当性に欠ける面がある。そこで，ケイパビリティ論に基づく経営資源の模倣困難性の高低という観点を組み合わせることによって，図8−2に示すマトリックスを描いてみる[30]。中国市場においてチェーン小売企業との取引関係を構築・維持するという能力は，当該代理店だからこそできることで，資生堂側が自ら実行しようとしても困難であるし，他の代理店に代わって実行してもらうことも短期的には難しい。つまり，当該代理店の能力は，他に容易に模倣できない特異的資源であり，そうした模倣困難性が高ければ高いほど，資産特殊性が高くてもホー

図8－3　資生堂ファイントイレタリー事業の代理店・チェーン小売企業との関係

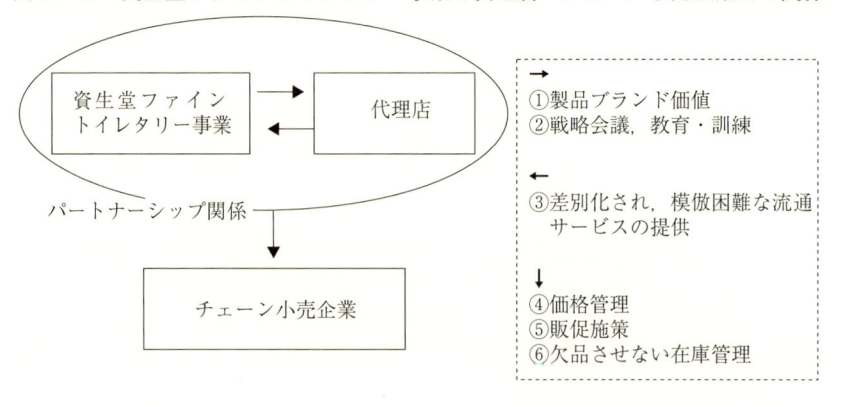

```
┌─────────────────────┐      ┌─────────────────────────┐
│  ┌──────────┐  →  ┌────┐ │      │ →  ①製品ブランド価値    │
│  │資生堂ファイ│     │代理│ │      │    ②戦略会議，教育・訓練 │
│  │ントイレタ │ ←  │ 店 │ │      │                         │
│  │リー事業  │     └────┘ │      │    ③差別化され，模倣困難な流通 │
│  └──────────┘           │      │      サービスの提供      │
│         パートナーシップ関係│      │ ↓                       │
└──────────┬──────────┘      │    ④価格管理            │
           │                        │    ⑤販促施策            │
           ↓                        │    ⑥欠品させない在庫管理 │
    ┌──────────┐                  └─────────────────────────┘
    │チェーン小売企業│
    └──────────┘
```

ルドアップ問題は発生しにくくなり，チャネル関係は対等なパートナーシップ型になる。

　資生堂ファイントイレタリー事業における代理店との関係は，このような共存共栄のパートナーシップとして構築・維持されており，そうした関係に基づいてチェーン小売企業との取引関係が形成されているといえる。以上を概念図にまとめると，図8－3のようになる。

　今後の方向として，チェーン小売企業の品揃えや陳列等のマーチャンダイジングに関する提案力を強化することによって，代理店やチェーン小売企業との関係をより有利なものへと導くことが考えられる。実際に，日系小売企業とは取り組みを開始している。しかし，先に述べたように，中国では外資系も内資系もメーカーが小売の「棚を買う」という商習慣が定着しており，現状では提案力強化はあまり有効な方策とはいえない。

　しかし，小売が品揃えや陳列の自主的な意思決定力を高めるべきとの考え方が芽生えてきているのも事実である。そのため，近い将来，中国でもそうした提案力が有効性を発揮する可能性もあることから，メーカー等のサプライヤ側としては，中国消費者の購買行動や店舗選択についての知見を高め，提案力強化の準備を進めていくべきといえよう。

　　　　　　　　　　　　　　　　　　　　　　　　　　（渡辺達朗）

1）詳しくは資生堂「アニュアルレポート2006（2006年3月期）」を参照。
2）太田（2009）による。
3）『国際商業』2007年3月および『激流』2007年3月による。なお，この両者はほぼ同じ内容のため，以下では前者のみを表記する。
4）太田（2009）による。
5）太田（2009）による。
6）前田（2010）による。
7）資生堂（中国）投資有限公司・宮川勝総経理（当時）による（『国際商業』2007年3月）。
8）化粧品専門店事業の本格展開前の1990年代後半から2000年代前半の中国国内販売の実情については，関（2011）にきわめて生々しく紹介されている。
9）『国際商業』2007年3月による。なお，この時点でチェインストア契約を結んだ化粧品専門店で扱う商品は，高級化粧品の「UVホワイト」，「エリクシール」，中価格帯の「ピュアマイルド」，「アスプリール」，「セルフィット」，「ホワイティア」の4ブランド，および男性用化粧品の「ウーノ」，ファイントイレタリーなどであった。
10）太田（2009）による。
11）『国際商業』2011年12月による。
12）『国際商業』2007年3月による。
13）『国際商業』2007年3月による。「ウララ」投入前のチェインストア契約を結んだ化粧品専門店の取り扱い商品は，高価格帯の「UVホワイト」，「エリクシール」，中価格帯の「ピュアマイルド」，「アスプリール」，「セルフィット」，「ホワイティア」，および男性用化粧品「ウーノ」，ファイントイレタリーなどであった。
14）広野・佐藤（2009）による。
15）以上は太田（2009）による。
16）広野・佐藤（2009）による。
17）広野・佐藤（2009）による。
18）以上は『国際商業』2011年12月による。
19）本節の内容は，とくに断りがない限り，2012年1月の財団法人流通経済研究所「中国チェーンストア政策研究会」における中丸克己氏（株式会社リュウジャパン代表取締役社長）の報告内容に基づいている。なお，リュウジャパン社は，資生堂ファイントイレタリー事業の上海での代理店である長発豊源の劉会長が立ち上げた日本商品の発掘・調達等を目的とする会社。
20）「日経BPnet」2003年7月15日による。
21）「日経BPnet」2003年7月15日による。
22）「日経BPnet」2003年7月15日は資生堂広報のコメントとして以下を紹介している。「並行輸入品は中国の薬事関連の認可を経ていない。中国語の説明がないため誤用する可能性があるが，こうした場合にも責任の取りようがない。」「衛生局をはじめ，中国政府の関連省庁に働きかけ，対策を取ってもらうようお願いしている。」

23）『科技智嚢』2003年9月，および『経済参考報』2003年8月1日による。
24）マーケティング費用は中国国内の資金で賄わなければならず，非常に限られていた。費用が不足した際，日本の本社から資金提供を受けると，移転価格税制の関係で，高率の追徴課税がなされるので注意が必要であるという。
25）グループディスカッションは，通常，中国に進出している日系の広告代理店と組んで，北京，上海，広州の3ヵ所で，例えば1チーム20名ずつの地元のターゲット層の女性を集めて実施してきた。
26）この点は本書第1章，第2章で詳しく論じられている。さらに，渡辺（2010）も参照されたい。
27）長発豊源は，現在，ライオンなど日本企業の代理店やドイツ企業の代理店をしている他，日用雑貨卸のパルタックとも提携関係にあるという。
28）『科技智嚢』2003年9月による。
29）久保（2011）は次のように指摘している（p.20）。「製造業者が差別化したマーケティングを行うためには，カスタマイズした流通サービスを確保することによって競合他社から差別化する必要がある。」「資産特殊性は流通サービスの差別化を可能にする。製造業者が競争優位を構築・維持するためには，資産特殊性を高めたチャネルを作り上げることが有効になる。」
30）この点は，原（2011），pp.228-230の指摘に基づいている。

参考文献

太田正人（2009）「中国における資生堂ブランドマーケティング」『マーケティングリサーチャー』No.109, pp.20-25。

久保知一（2011）「新制度派的流通チャネル研究の展開」渡辺達朗・久保知一・原頼利（2011）『流通チャネル論―新制度派アプローチによる新展開―』有斐閣，第1章所収。

関倶治（2011）『弱肉強食の大地―いかに「中国内販」を成功させるか―』日本経済新聞出版社。

中丸克己（2011）「エフティ資生堂の中国市場開拓」財団法人流通経済研究所「中国チェーンストア政策研究会」報告資料。

原頼利（2011）「流通取引関係・制度の研究展望」渡辺達朗・久保知一・原頼利（2011）『流通チャネル論―新制度派アプローチによる新展開―』有斐閣，終章所収。

広野彩子・佐藤嘉彦（2009）「特集アジアの資生堂―中国市場20％成長に賭ける137年企業―」『日経ビジネス』8月24日，pp.18-31。

宝子山嘉一（2007）「日本企業の中国進出に伴う課題―資生堂の中国チャネル戦略を中心に―」『松蔭大学紀要』7号，pp.69-79。

前田剛（2010）「資生堂 グローバル戦略の先兵！ 中国事業の『強さの秘密』」『週刊ダイヤモンド』2月13日，pp.140-142。

山下裕子・一橋大学BICプロジェクトチーム（2006）『ブランディング・イン・チャイナ―巨大市場・中国を制するブランド戦略―（一橋ビジネスレビューブックス）』東洋経

済新報社。
山本学（2010）『進化する資生堂中国市場とメガブランド戦略』翔泳社。
李海燕（2010）「資生堂の中国事業の成功要因を探る」『総合政策論叢』（中京大学総合政策学部）第1号，pp.45-82。
李海燕（2011）「化粧品ブランドに対する中国の消費者の認知度・評価に関する調査：資生堂ブランドを中心に」『総合政策論叢』（中京大学総合政策学部）第2号，pp.105-155。
劉青（2008）「中国市場における資生堂のブランド管理」『経営学研究論集』（明治大学大学院）第30号，pp.163-182。
渡辺達朗（2010）「中国における大規模小売業者のバイイングパワー規制―『不公正取引』規制をめぐる動向を中心に―」『流通情報』第484号（42巻1号）。
渡辺達朗・久保知一・原頼利（2011）『流通チャネル論―新制度派アプローチによる新展開―』有斐閣。
「企業戦略資生堂の中国ビジネス　デパート，チェインストアの両輪が噛み合い中国市場を席巻」『激流』2007年3月，pp.8-12。
「資生堂　中国事業30年で築いた信頼を礎に化粧文化の花を咲かせる」『国際商業』2011年12月，pp.52-59。
「中国人女性は人民服に戻らない　資生堂の中国戦略」『フォーブス』2009年1月，pp.163-182。
「百貨店と専門店の両輪で取り組む資生堂の中国戦略」『国際商業』2007年3月，pp.62-67。
「資生堂与衆不同的大衆路線」『科技智嚢』2003年9月。
「菲婷資生堂将在中国推広新製品」『経済参考報』2003年8月1日。
Barney, Jay B.（2010）*Gaining and Sustaining Competitive Advantage*（4th Edition），Pearson Education Inc.(岡田正大訳（2004）『企業戦略論【中】事業戦略編競争優位の構築と持続』ダイヤモンド社）．
Chandler, A. D., Jr.（1977）*The Visible Hand : The Managerial Revolution in American Business*，Harvard University Press（鳥羽欽一郎・小林袈裟治訳（1979）『経営者の時代』東洋経済新報社）．
Langlois, R. N. and P. L. Robertson（1995）*Firms, Markets and Economic Change : A Dynamic Theory of Business Institutions*，Routledge（谷口和弘訳（2004）『企業制度の理論―ケイパビリティ・取引費用・組織境界―』NTT出版）．
Porter, Michael E.（1998），*Competitive Strategy : Techniques for Analyzing Industries and Competitors*，Free Press（土岐坤・服部照夫・中辻万治訳（1995）『競争の戦略（新訂版）』ダイヤモンド社）．

第4部
消費者の業態・店舗選択

中国消費者のチェーン小売企業の利用実態：

第9章

上海での調査から

1 はじめに

　中国消費者は，チェーン小売企業をどのように利用し，どのように評価しているのだろうか。中国にはさまざまなクチコミサイトがあり，それらで小売企業への評価が断片的に明らかになっているが，チェーン間の評価や世代別の評価にどの程度差があるかまでは明らかになっていない。そこで，（財）流通経済研究所では，中国の消費者に対してチェーンストアの業態・店舗選択行動を明らかにするインターネット調査を実施した。本章では，この調査結果に基づいて，中国の消費者がチェーンストアに求めるものや不満点を明らかにしていくとともに，日系企業が中国に進出する際，どのような点を考慮するべきかを明らかにしていく。

2 調査結果の概要

（1）調査の設計

　（財）流通経済研究所で今回実施した中国消費者を対象にした調査では，インターネットを通じたアンケート調査という手法を採用した。調査対象者（パネル）は，インターネット調査会社のマクロミル社を通じて募集した上海市内の16歳以上の男女で，調査期間は2011年8月である。

　アンケート調査の有効回答数は772サンプルで，性別・年代別のサンプル

表9－1　アンケート有効サンプル数

		10代	20代	30代	40代	50代以上	合計
上海	男性	45	52	49	51	47	244
	女性	46	157	146	133	46	528
合計		91	209	195	184	93	772

（出所）㈶流通経済研究所　2011年8月実施　インターネット調査。

数は表9－1に示すとおりである。

　調査で取り上げた主要な小売業態はハイパーマーケット，スーパーマーケット，コンビニエンスストアの3つである。なお，調査ではハイパーマーケットを衣食住の商材を販売する大型スーパーで，ウォルマート，カルフール，テスコ，大潤発などを指すと定義した。また，スーパーマーケットは食品を中心に販売する中型，小型スーパーで，華聯超市，聯華超市，農工商超市などを指すと，コンビニエンスストアは，セブン-イレブン，ローソン，ファミリーマート，可的，好徳などを指すと定義した。

図9－1　ハイパーマーケット（HM）の利用頻度

■ほぼ毎日　■週に4～5日　■週に2～3日　■週に1日程度　■月に2～3日
■月に1日程度　■2～3カ月に1日　■それ以下　■利用していない

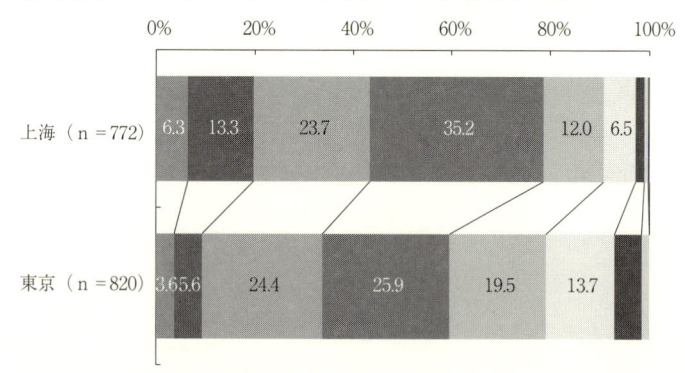

上海（n = 772）：6.3　13.3　23.7　35.2　12.0　6.5
東京（n = 820）：3.6　5.6　24.4　25.9　19.5　13.7

（出所）上海　㈶流通経済研究所　2011年8月実施　インターネット調査。
　　　　東京　㈶流通経済研究所　2010年11月実施　調査。

（2）各業態の利用状況

① ハイパーマーケットの利用状況

ハイパーマーケット利用者の利用頻度は，図9－1に示すとおりである。ここでは，上海地域のハイパーマーケット利用者の特徴を明らかにするため，東京の総合スーパー（GMS）利用者——（財）流通経済研究所が2010

図9－2　ハイパーマーケット（HM）の来店手段・来店所要時間

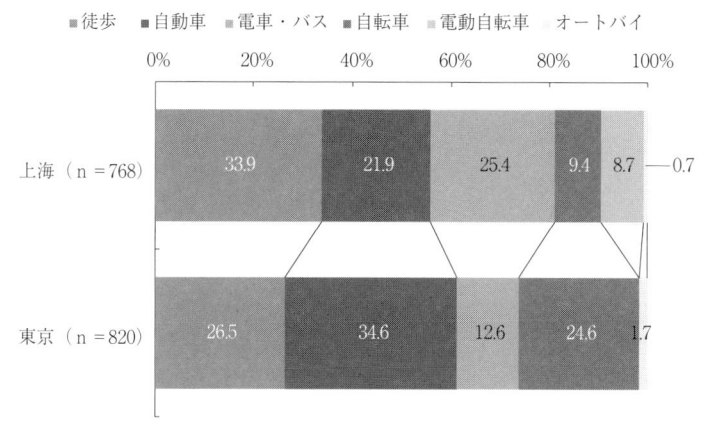

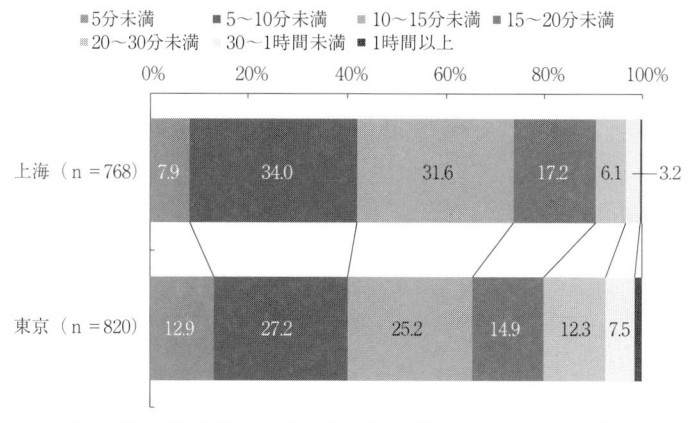

■徒歩　■自動車　■電車・バス　■自転車　■電動自転車　■オートバイ

	徒歩	自動車	電車・バス	自転車	電動自転車	オートバイ
上海（n＝768）	33.9	21.9	25.4	9.4	8.7	0.7
東京（n＝820）	26.5	34.6	12.6	24.6		1.7

■5分未満　■5～10分未満　■10～15分未満　■15～20分未満
■20～30分未満　■30～1時間未満　■1時間以上

	5分未満	5～10分未満	10～15分未満	15～20分未満	20～30分未満	30～1時間未満	1時間以上
上海（n＝768）	7.9	34.0	31.6	17.2	6.1		3.2
東京（n＝820）	12.9	27.2	25.2	14.9	12.3	7.5	

（出所）上海　㈶流通経済研究所　2011年8月実施　インターネット調査。
　　　　東京　㈶流通経済研究所　2010年11月実施　調査。

年に実施したインターネット調査の結果に基づく——との比較を行った。

上海での利用頻度は、「週に1日程度」が35.2％と最も高く、次いで「週に2-3日」(23.7％)、「週に4-5日」(13.3％)の順となっている。「週に2日」以上利用している割合は、上海が43.3％に対して、東京は33.6％であり、上海の利用頻度が東京に比べて高いという特徴が確認できる。

ハイパーマーケットの来店手段、来店所要時間は図9－2に示すとおりである。上海の来店手段は、「徒歩」(33.9％)が最も多く、次いで「電車・バス」(25.4％)となっている。東京に比べて「徒歩」、「電車・バス」の割合が高い。

来店所要時間は、上記来店手段を用いての所要時間を聞いている。上海では、「5-10分未満」(34.0％)が最も多く、次いで「10-15分未満」(31.6％)となっている。所要時間に関しては、東京と大きな違いは見られない。上海では、徒歩や電車・バスで高頻度に店舗へ訪れる消費者が多いことがわかる。

② スーパーマーケットの利用状況

スーパーマーケット利用者の利用頻度は、図9－3に示すとおりである。

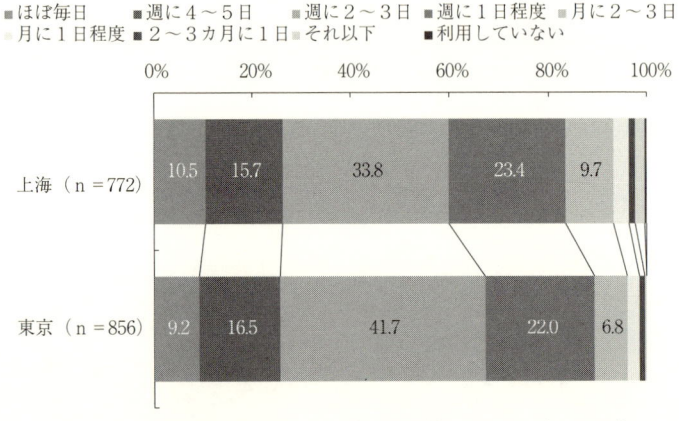

図9－3　スーパーマーケット（SM）の利用頻度

■ほぼ毎日　■週に4～5日　■週に2～3日　■週に1日程度　■月に2～3日
■月に1日程度　■2～3カ月に1日　■それ以下　■利用していない

上海（n＝772）：10.5　15.7　33.8　23.4　9.7
東京（n＝856）：9.2　16.5　41.7　22.0　6.8

（出所）上海　(財)流通経済研究所　2011年8月実施　インターネット調査。
東京　(財)流通経済研究所　2010年11月実施　調査。

ここでは，上海地域のSM利用者の特徴を明らかにするため，東京の利用者との比較を行った。

上海での利用頻度は，「週に2-3日」が33.8%と最も高く，次いで「週に1日程度」(23.4%)となっている。「週に4日」以上利用している割合は，上海が26.2%，東京は25.7%であり，2都市間で大きな差は見られない。

スーパーマーケットの来店手段，来店所要時間は図9－4に示すとおりで

図9－4　スーパーマーケット（SM）の来店手段・来店所要時間

■徒歩　■自転車　■自動車　■電車・バス　■オートバイ　その他

	徒歩	自動車	電車・バス	その他
上海（n=758）	64.6	20.2	6.7	7.8
東京（n=856）	43.1	29.2	22.5	3.9

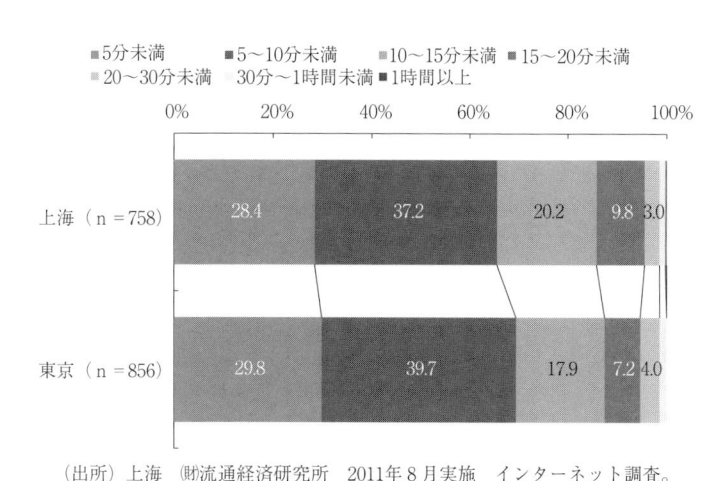

■5分未満　■5〜10分未満　■10〜15分未満　■15〜20分未満
■20〜30分未満　30分〜1時間未満　■1時間以上

	5分未満	5〜10分未満	10〜15分未満	15〜20分未満	20〜30分未満
上海（n=758）	28.4	37.2	20.2	9.8	3.0
東京（n=856）	29.8	39.7	17.9	7.2	4.0

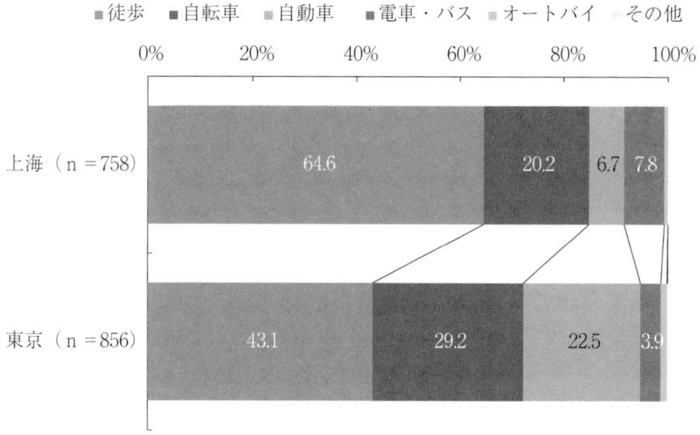

（出所）上海　㈶流通経済研究所　2011年8月実施　インターネット調査。
　　　　東京　㈶流通経済研究所　2010年11月実施　調査。

ある。上海の来店手段は,「徒歩」(64.6％)が最も多く,全体の60％以上の消費者は徒歩で来店していることがわかった。東京と比べても高い割合である。

来店所要時間は,上記来店手段を用いての所要時間を聞いている。上海では,「5-10分未満」(37.2％)が最も多く,次いで「5分未満」(28.4％)となっている。所要時間に関しては,東京と大きな違いは見られない。上海では,徒歩で高頻度,店舗へ訪れる消費者が多いことがわかる。

③ コンビニエンスストアの利用状況

コンビニエンスストアの利用者の利用頻度は,図9－5に示すとおりである。ここでは,上海地域のCVS利用者の特徴を明らかにするため,東京の利用者との比較を行った。

上海での利用頻度は,「週に2-3日程度」が29.8％と最も高く,次いで「週に4-5日」(22.9％),「ほぼ毎日」(16.8％)の順となっている。「週に4日」以上利用している割合は,上海が39.8％に対して,東京は13.8％であり,上海の利用者は東京に比べて高い利用頻度となっている。

コンビニエンスストアの来店手段,来店所要時間は図9－6に示すとおり

図9－5 コンビニエンスストア(CVS)の来店頻度

■ほぼ毎日 ■週に4～5日 ■週に2～3日 ■週に1日程度 ■月に2～3日
■月に1日程度 ■2～3カ月に1日 ■それ以下 ■利用していない

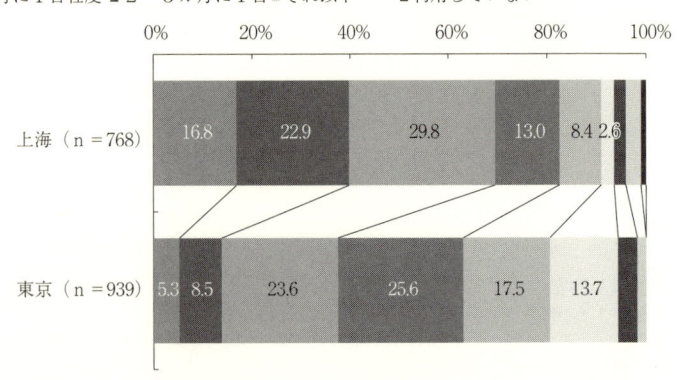

	ほぼ毎日	週に4～5日	週に2～3日	週に1日程度	月に2～3日	月に1日程度
上海(n=768)	16.8	22.9	29.8	13.0	8.4	2.6
東京(n=939)	5.3	8.5	23.6	25.6	17.5	13.7

(出所)上海 ㈶流通経済研究所 2011年8月実施 インターネット調査。
　　　東京 ㈶流通経済研究所 2010年11月実施 調査。

図9－6　コンビニエンスストア（CVS）の来店手段・来店所要時間

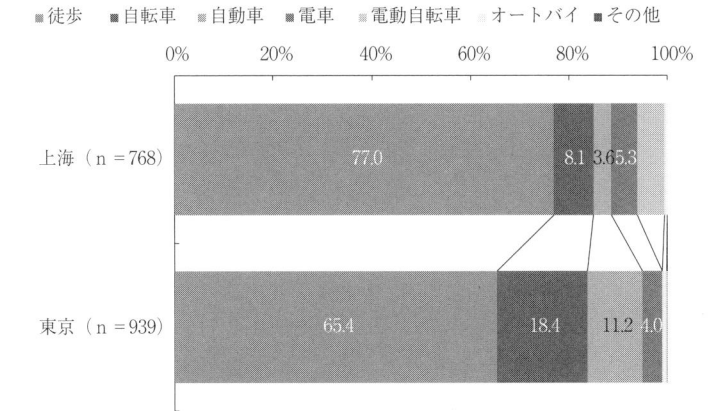

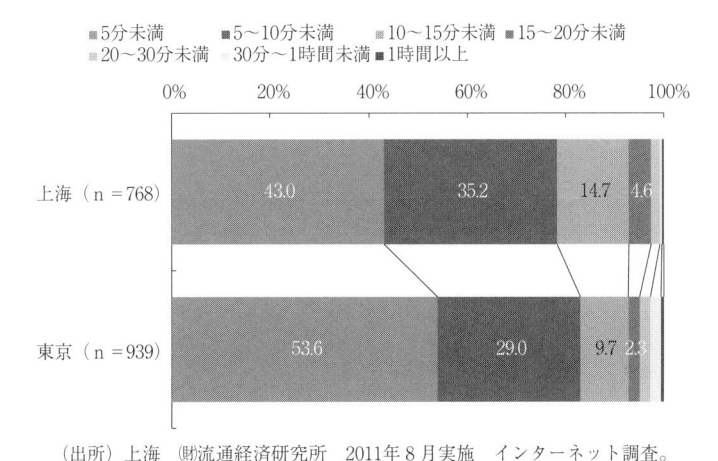

■徒歩　■自転車　■自動車　■電車　■電動自転車　■オートバイ　■その他

上海（n＝768）　徒歩77.0　　8.1　3.6　5.3
東京（n＝939）　徒歩65.4　　18.4　11.2　4.0

■5分未満　■5～10分未満　■10～15分未満　■15～20分未満
■20～30分未満　■30分～1時間未満　■1時間以上

上海（n＝768）　43.0　　35.2　　14.7　4.6
東京（n＝939）　53.6　　29.0　　9.7　2.3

（出所）上海　㈶流通経済研究所　2011年8月実施　インターネット調査。
　　　　東京　㈶流通経済研究所　2010年11月実施　調査。

である。上海の来店手段は，「徒歩」（77.0％）が最も多く，大部分の消費者は徒歩で来店することがわかる。日本の「徒歩」の割合は65.4％であり，日本よりも10ポイント以上徒歩の割合が高いことが特徴的である。

　来店所要時間は，上記来店手段を用いての所要時間を聞いている。上海では，「5分未満」（43.0％）が最も多く，次いで「5-10分未満」（35.2％）となっている。所要時間に関しては，東京の方が短い傾向にある。上海の利

第9章　中国消費者のチェーン小売企業の利用実態

用者は，徒歩で高頻度，店舗に訪れる消費者が多いといえる。

（3）カテゴリーごとの小売業態選択

上海の消費者は，商品カテゴリーごとに小売業態をどのように使い分けているのであろうか。この点を明らかにするために，加工食品や日用雑貨，生鮮食品の商品カテゴリーについて，調査時点より過去3ヵ月に最も利用した業態を回答してもらった（図9－7）。

その結果，次のことが上海の消費者の業態選択の特徴として浮かび上がった。調味料，パン・シリアル類，菓子，清涼飲料，口中衛生用品，衣料用洗剤については，ハイパーマーケットの利用割合が最も高く，50％前後の消費者がハイパーマーケットで最も多く購買している。野菜，肉は市場（農貿市場）の割合が最も高く，野菜では50％以上の消費者が市場で最も多く購買し

図9－7　商品カテゴリーごとの過去3ヵ月で最も利用した小売業態

凡例：ハイパーマーケット　スーパーマーケット　コンビニエンスストア　パーソナルケアストア　市場

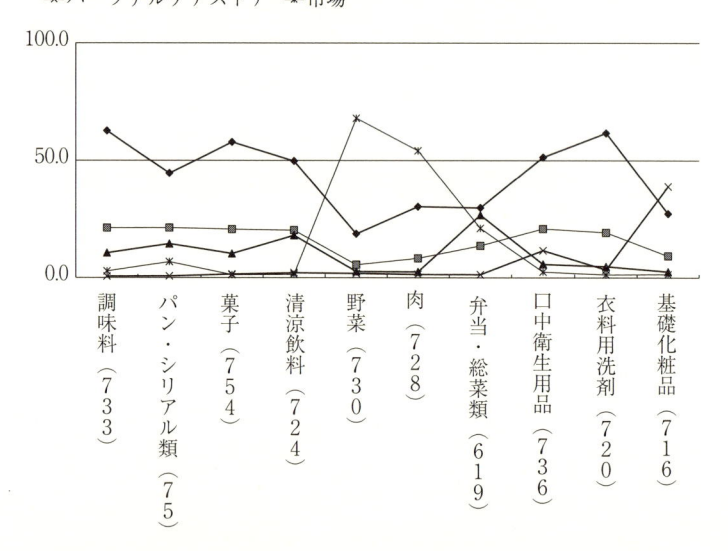

横軸カテゴリー：調味料（733），パン・シリアル類（753），菓子（754），清涼飲料（724），野菜（730），肉（728），弁当・総菜類（619），口中衛生用品（736），衣料用洗剤（720），基礎化粧品（716）

（出所）上海　(財)流通経済研究所　2011年8月実施　インターネット調査。
　　　　東京　(財)流通経済研究所　2010年11月実施　調査。

ていると回答した。基礎化粧品は，パーソナルケアショップ（ヘルス＆ビューティケア関連商材を販売するワトソンズなどのチェーンストア）の利用割合が最も高くなっている。

（4）小括

ここまで，上海消費者のハイパーマーケット，スーパーマーケット，コンビニエンスストアの利用状況について，東京の消費者と比較しながら明らかにしてきた。さらに，上海消費者が，商品カテゴリーごとに小売業態をどのように使い分けているかを明らかにしてきた。これらから，以下のことが推察される。

上海の消費者は，ハイパーマーケット，スーパーマーケット，コンビニエンスストアともに徒歩・高頻度で来店することが多く，徒歩圏内の店舗を利用していることが確認できた。そのため，上海の各小売業態の商圏は，東京のそれと比較して同等かそれより狭い傾向にある。

商品カテゴリーごとの最利用業態を調査したところ，生鮮は市場で買い，加工食品・日用雑貨はハイパーマーケットで購買する傾向にあることがわかった。ハイパーマーケット業態の店舗数は増加傾向にあり，週に1日以上利用している消費者も多いが，生鮮の購入先は依然として市場となっており，日本とは異なりスーパーマーケットでは生鮮がパワーカテゴリーとなっていないことが窺える。また，日本では日用雑貨の最利用業態はドラッグストアであるが，現在上海で多く展開されているワトソンズなどのパーソナルケアショップではヘルス＆ビューティ系のカテゴリーを強化しており，日用雑貨の取り扱い数が多くないため，日用雑貨の主要購入先とはなっていない。

3 上海消費者のハイパーマーケットの評価：ウォルマートと世紀聯華の比較

（1）両社の概要

これまで，各業態の利用状況や，最利用業態を明らかにしてきたが，消費

者は具体的には各小売企業のどのような点に満足して，どのような点を評価しているのであろうか。ここではまず，ハイパーマーケット業態について，上海でのウォルマートと世紀聯華の評価の比較を行う。消費者の評価を検討する前に，両社の概要を確認しておこう。

ウォルマートは，1996年に中国市場へ参入しており，他の外資系小売業と比べると早い段階で参入している。2006年から2010年にかけての店舗展開状況を見ると，2010年にはすでに中国全土で300店以上の展開となっている（詳細は第3章第2節参照）。

世紀聯華は，百聯集団の傘下にある聯華超市のハイパーマーケット業態である。百聯集団が展開する主な小売業態は表9－2のとおりである。ハイパーマーケット（世紀聯華），スーパーマーケット（聯華超市・華聯超市），コンビニエンスストア（快客）の3業態を展開している。上海地域では，世紀聯華を37店舗展開（2011年末現在）している。

聯華超市の沿革は表9－3のとおりである。1991年に上海聯華超市有限公司が設立され，1994年にはカルフールとの合弁で上海聯家を設立した。その後着実に店舗数を増やす一方で，2009年には上海を基盤とする華聯超市を買収し，現在に至っている。

（2）消費者の評価

① 全体の満足度

調査時点より過去3ヵ月で，ハイパーマーケットに関して，最も多くウォルマートと世紀聯華を利用している消費者を対象に，小売企業全体の満足度を10点満点で評価してもらった。ウォルマートは172人，世紀聯華は76人である。満足度の結果は図9－8のとおりであり，ウォルマート利用者の平均は8.1点，世紀聯華利用者の平均点は7.3となった。ウォルマート利用者と世紀聯華利用者では0.8ポイントの差がみられ，満足度に開きがあることがわかった。

② 最利用ハイパーマーケットの満足項目

全体の満足度評価では，ウォルマートの最利用者と世紀聯華の最利用者に

表9-2 百聯集団が展開する主な小売業態

	ハイパーマーケット	スーパーマーケット	コンビニエンスストア
直営店	152	669	944
フランチャイズ	-	2,315	1,067

(出所) 聯華超市アニュアルレポート2011 (数字は2010年度末の結果)。

表9-3 聯華超市の沿革

年	沿革
1991	上海聯華超市有限公司設立
1994	カルフールとの合弁で上海聯家を設立(上海地区でのカルフールの運営)
1996	売上高8億元,店舗数41を達成
1997	三菱商事の資本参加
2001	世紀聯華投資発展有限公司設立,ハイパーマーケット業態を本格展開へ
2003	カルフール関連会社との合弁で上海ディア(ディスカウント店)を設立
2003	親会社(上海友誼集団)が経営統合し,持ち株会社を設立,百聯集団が誕生
2003	香港市場に株式上場
2006	上海ディアを売却
2006	上海に新物流センターを稼働(2.9万平米)―岡村製作所のノウハウ
2007	広東省のCVS(快客)を売却(112店舗)
2009	百聯集団傘下の華聯超市を買収

(出所) 聯華超市アニュアルレポート等を基に神谷(2011)が作成。

は差がみられたが,具体的にどのような点を満足して,どのような点を不満に思っているのだろうか。まず満足している項目についてまとめたのが,図9-9である。

ウォルマートの最利用者は「チラシ,DM商品に買いたくなるものが多いこと」,「安全で安心に配慮した商品が多いこと」,「売場に活気や季節感があること」,「商品の味がよいこと」などの割合が,世紀聯華最利用者よりも高く,商品や売場への評価が高いことがわかる。

一方,世紀聯華の最利用者は,「自宅や勤務先から近いこと」,「ポイント

図9-8　小売企業全体の満足度評価

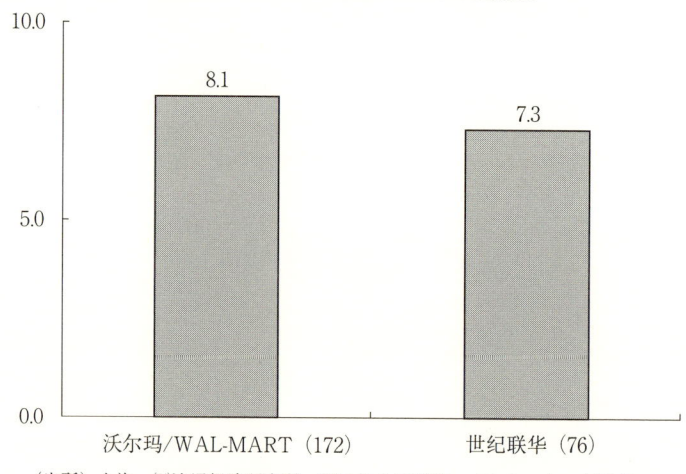

沃尔玛/WAL-MART（172）　8.1
世纪联华（76）　7.3

（出所）上海　㈶流通経済研究所　2011年8月実施　インターネット調査。
　　　　東京　㈶流通経済研究所　2010年11月実施　調査。

図9-9　最利用ハイパーマーケットで満足していること

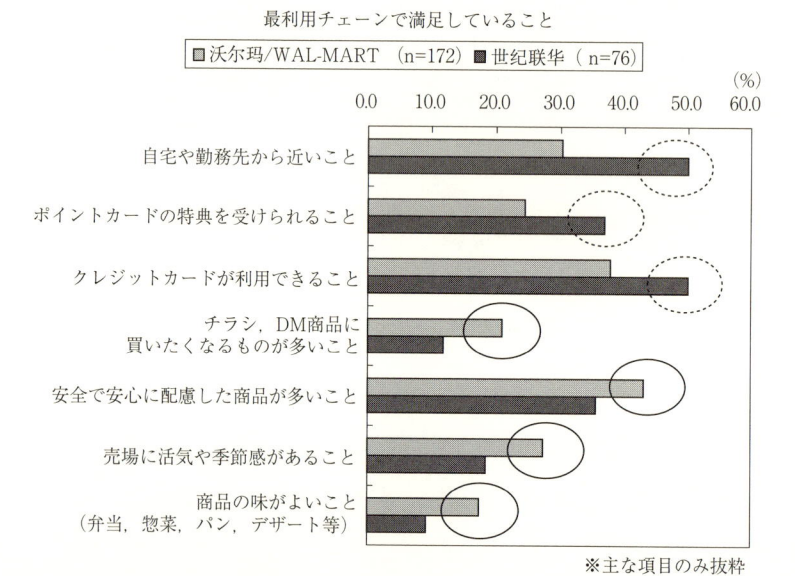

最利用チェーンで満足していること
■沃尔玛/WAL-MART（n=172）　■世纪联华（n=76）

- 自宅や勤務先から近いこと
- ポイントカードの特典を受けられること
- クレジットカードが利用できること
- チラシ，DM商品に買いたくなるものが多いこと
- 安全で安心に配慮した商品が多いこと
- 売場に活気や季節感があること
- 商品の味がよいこと（弁当，惣菜，パン，デザート等）

※主な項目のみ抜粋

（出所）上海　㈶流通経済研究所　2011年8月実施　インターネット調査。
　　　　東京　㈶流通経済研究所　2010年11月実施　調査。

図9-10 最利用ハイパーマーケットに不満であること

最利用チェーンに不満であること

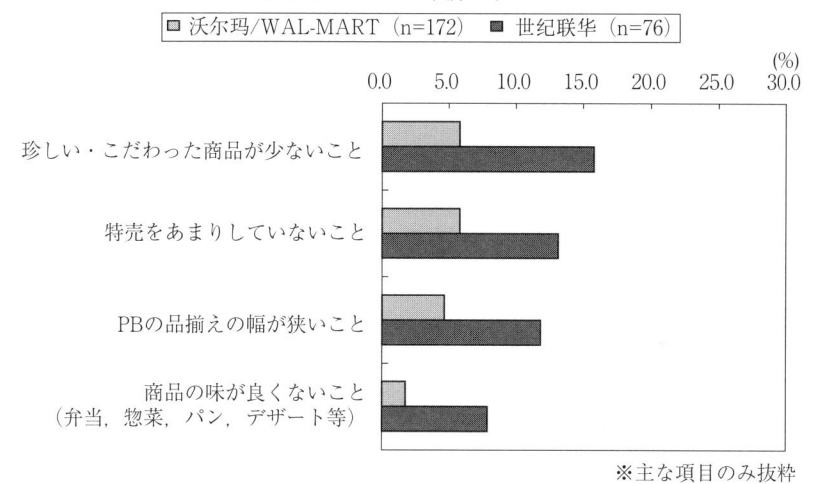

沃尔玛/WAL-MART (n=172)　世纪联华 (n=76)

(%)　0.0　5.0　10.0　15.0　20.0　25.0　30.0

- 珍しい・こだわった商品が少ないこと
- 特売をあまりしていないこと
- PBの品揃えの幅が狭いこと
- 商品の味が良くないこと（弁当，惣菜，パン，デザート等）

※主な項目のみ抜粋

（出所）上海　㈶流通経済研究所　2011年8月実施　インターネット調査。
　　　　東京　㈶流通経済研究所　2010年11月実施　調査。

カードの特典を受けられること」，「クレジットカードが利用できること」などに対して満足していると回答した割合が，ウォルマート最利用者よりも高い。全体的に世紀聯華最利用者が満足している項目は，売場以外の項目となっている。

③　最利用ハイパーマーケットの不満足項目

ウォルマートと世紀聯華の最利用者の不満足項目をまとめたのが，図9-10である。

世紀聯華の最利用者は，ウォルマート最利用者に比べて，「珍しい・こだわった商品が少ないこと」，「特売をあまりしていないこと」，「PBの品揃えの幅が狭いこと」，「商品の味がよくないこと」など，商品や売場に関して不満である割合が高い。

これに対して，ウォルマート最利用者では，上記項目を不満に思っている消費者の割合は10％未満であり，商品や売場に関して不満である割合が全般的に低い。

第9章　中国消費者のチェーン小売企業の利用実態　189

図9-11 最利用ハイパーマーケットのカテゴリー別満足度

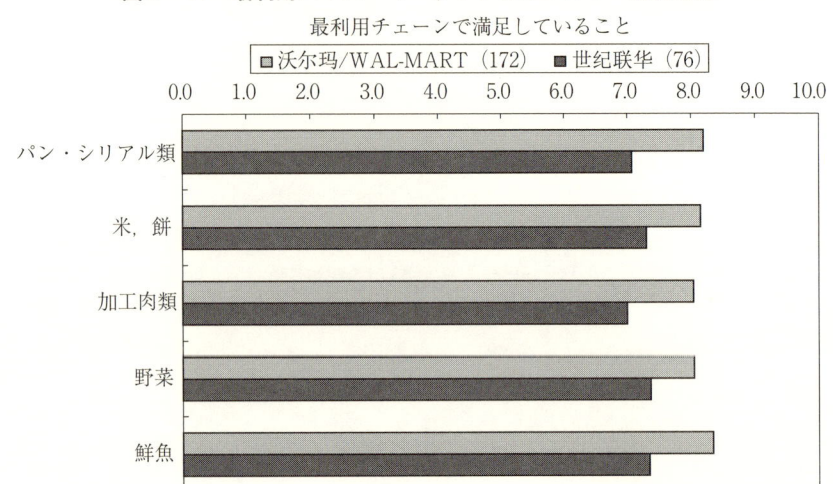

最利用チェーンで満足していること
沃尔玛/WAL-MART（172）　世纪联华（76）

（カテゴリー：パン・シリアル類、米・餅、加工肉類、野菜、鮮魚）

※主なカテゴリーのみ抜粋

（出所）上海　㈶流通経済研究所　2011年8月実施　インターネット調査。
　　　　東京　㈶流通経済研究所　2010年11月実施　調査。

④ 最利用ハイパーマーケットの商品カテゴリー別満足度

ウォルマートと世紀聯華の最利用者に，普段購入している商品カテゴリー別の満足度を10点満点で評価してもらった。なお，満足度は購入したことのある商品カテゴリーのみ評価してもらっている。

ウォルマート最利用者は，概ね各商品カテゴリーとも評価が相対的に高く，多くのカテゴリーで平均点が8.0を上回っている。一方，世紀聯華最利用者は，多くのカテゴリーで8.0を下回っている。とくにウォルマート最利用者と世紀聯華最利用者で評価の差が大きかったのは，図9-11であげた「パン・シリアル類」，「米，餅」といった主食や，「野菜」，「鮮魚」などの生鮮食品である。

（3）ハイパーマーケット間比較のまとめ

消費者は具体的に各小売企業のどのような点に満足して，どのような点を評価しているのかを明らかにするために，ハイパーマーケット業態について

は，ウォルマートと世紀聯華の評価を比較した。

　ウォルマートと世紀聯華では，全体の満足度に開きがあり，0.8ポイント差がついた。こうした差がついた要因としては，世紀聯華最利用者は，売場や商品に対する満足度が低く，逆に不満に思っている人の割合がウォルマート最利用者よりも高いことがあげられる。一方，ウォルマートは商品や売場への満足度が高く，カテゴリー別の満足度においても，主食・生鮮を中心に世紀聯華最利用者の評価とは差がついた。このことから，売場や商品，カテゴリーそのものの満足度が，小売企業全体の満足度に影響を及ぼしていることがわかった。

　また，生鮮食品は，現状では最もよく購買される小売業態は市場であったが，ウォルマートの最利用者は生鮮の満足度も高い。ここから，今後ハイパーマーケット業態の成長にとって，生鮮カテゴリーが重要な役割を果たすことが推察される。

4 上海消費者のコンビニエンスストアの評価：ファミリーマートと好徳の比較

(1) 両社の概要

　次に，コンビニエンスストア業態に対する消費者の評価について，ファミリーマートと好徳の比較をつうじて明らかにしていく。まず，両社の概要を確認しておこう。

　ファミリーマートが中国に進出したのは2004年であり，他のコンビニエンスストアよりも進出は遅かったが，出店ペースは他社よりも速い。表9－4によって，各社の2002年12月の総店舗数と，2012年6月現在の店舗数を比較すると，その速さが確認できる。2012年6月末現在，ファミリーマートは903店舗展開している。

　一方，好徳便利店は2001年，国有企業の農工商集団により設立された。上海を中心に1,120店舗（2012年1月現在）展開している。また，2007年に上海可的便利店を買収した。表9－5に示すように，2009年時点での店舗数

表9－4　コンビニエンスストア各社の展開状況

企業名	展開業態	総店舗数 2002年12月	総店舗数 2012年6月	増減
セブン‐イレブン	CVS	93	739	+646
ローソン	CVS	96	355	+259
ファミリーマート	CVS	0	903	+903
ミニストップ	CVS	0	39	+39

（出所）寺嶋・他（2003）および各社ホームページ，アニュアルレポートより作成。

表9－5　主要な内資系コンビニエンスストアの売上高と店舗数（2009年）

企業名	売上額（億元）	店舗数（軒）
好徳／可的	38.0	2600
聯華快客	15.9	1957
上海良友金伴	14.4	560

（出所）各社HP，中国連鎖経営年鑑2010の数字に基づく。

は，好徳・可的合せて約2,600店舗，売上高は38億元であり，上海において内資系コンビニエンスストアのトップの地位にある。

（2）消費者の評価

①　全体の満足度

　調査時点より過去3ヵ月で，コンビニエンスストアに関して，最も多くファミリーマートと好徳を利用した消費者を対象に，小売企業全体の満足度を10点満点で評価してもらった。その結果，図9－12に示すように，ファミリーマートの最利用者と好徳の最利用者では，0.9ポイントの評価の差が見られた。以下。こうした差がついた要因についてみていこう。

②　最利用コンビニエンスストアの満足項目

　ファミリーマートと好徳の最利用者に満足している点を評価してもらった。図9－13に示すように，全般的にファミリーマート最利用者の方が，満

図9−12 小売企業全体の満足度評価

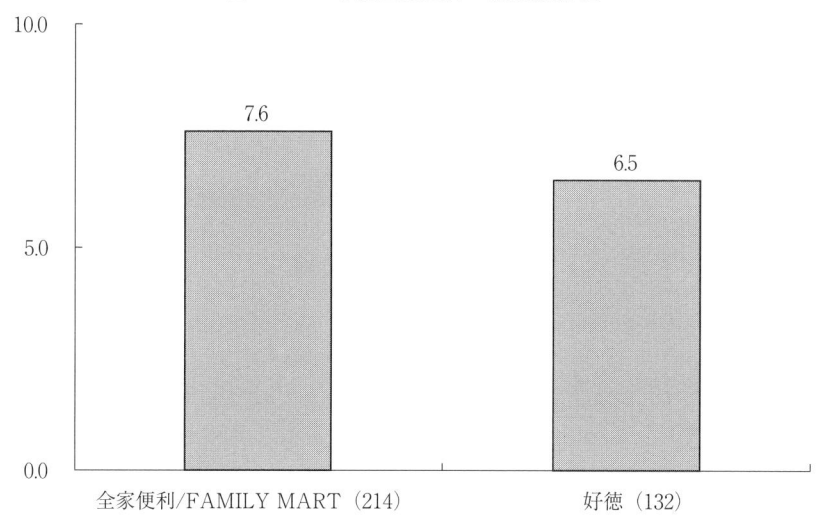

全家便利/FAMILY MART (214)　7.6
好徳 (132)　6.5

（出所）上海　㈶流通経済研究所　2011年8月実施　インターネット調査。
　　　　東京　㈶流通経済研究所　2010年11月実施　調査。

図9−13 最利用コンビニエンスストアで満足していること

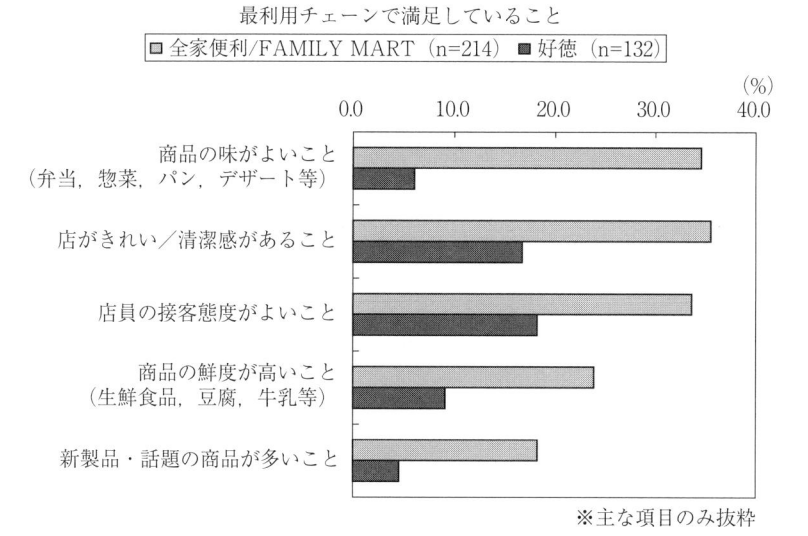

最利用チェーンで満足していること
□ 全家便利/FAMILY MART（n=214）　■ 好徳（n=132）

- 商品の味がよいこと（弁当，惣菜，パン，デザート等）
- 店がきれい／清潔感があること
- 店員の接客態度がよいこと
- 商品の鮮度が高いこと（生鮮食品，豆腐，牛乳等）
- 新製品・話題の商品が多いこと

※主な項目のみ抜粋

（出所）上海　㈶流通経済研究所　2011年8月実施　インターネット調査。
　　　　東京　㈶流通経済研究所　2010年11月実施　調査。

図9-14　最利用コンビニエンスストアに不満であること
最利用チェーンに不満であること

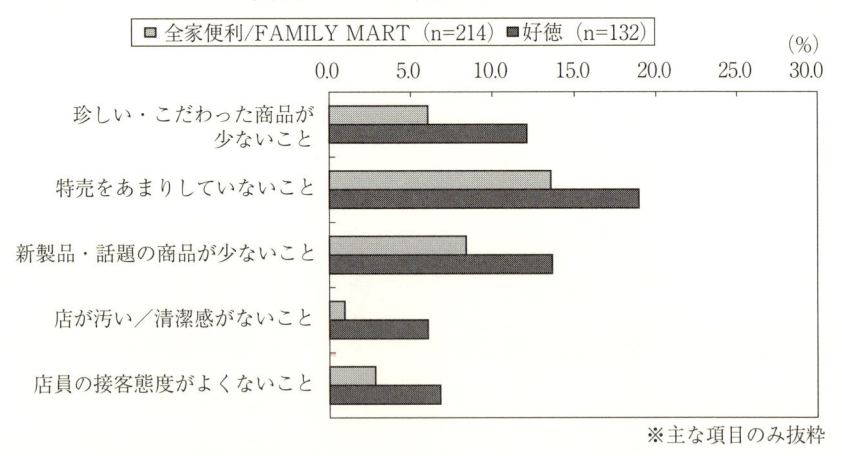

凡例：全家便利/FAMILY MART（n=214）、好徳（n=132）

項目：
- 珍しい・こだわった商品が少ないこと
- 特売をあまりしていないこと
- 新製品・話題の商品が少ないこと
- 店が汚い／清潔感がないこと
- 店員の接客態度がよくないこと

※主な項目のみ抜粋

（出所）上海　㈶流通経済研究所　2011年8月実施　インターネット調査。
　　　　東京　㈶流通経済研究所　2010年11月実施　調査。

足しているとの回答割合が高く，とくに「商品の味がよいこと」，「店がきれい／清潔感があること」，「店員の接客態度がよいこと」などの項目に差が見られた。

③　最利用コンビニエンスストアの不満足項目

ファミリーマートと好徳の最利用者に不満である点を尋ねた。図9-14に示すように，全般的に好徳最利用者の方が，「珍しい・こだわった商品が少ないこと」，「特売をあまりしていないこと」，「新製品・話題の商品が少ないこと」，「店が汚い／清潔感がないこと」など商品や売場に関して不満である割合が高い。

④　最利用コンビニエンスストアの商品カテゴリー別満足度

ファミリーマートと好徳の最利用者に，普段購入している商品カテゴリー別の満足度を10点満点で評価してもらった。なお，満足度は購入したことのある商品カテゴリーのみ評価してもらっている。

図9-15に示すように，ファミリーマート利用者は，概ね商品カテゴリー

図9-15 最利用コンビニエンスストアでの商品カテゴリー満足度

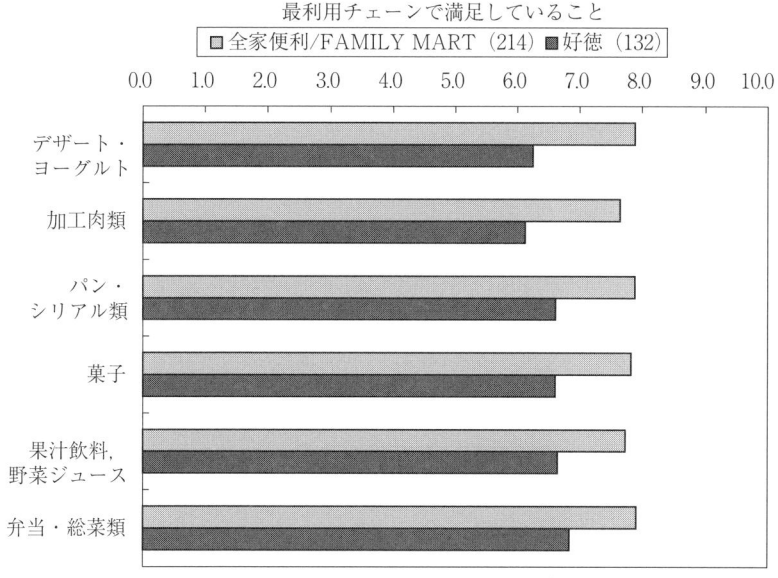

最利用チェーンで満足していること
□ 全家便利/FAMILY MART（214）■ 好徳（132）

[棒グラフ：デザート・ヨーグルト、加工肉類、パン・シリアル類、菓子、果汁飲料・野菜ジュース、弁当・総菜類の各カテゴリーについて、全家便利と好徳の満足度を比較。横軸0.0～10.0]

※主なカテゴリーのみ抜粋

(出所) 上海　㈶流通経済研究所　2011年8月実施　インターネット調査。
　　　 東京　㈶流通経済研究所　2010年11月実施　調査。

とも評価が相対的に高い。ファミリーマート利用者と好徳利用者で評価の差が大きかったのは，デザート・ヨーグルト，パン・シリアル類などコンビニエンスストアでの購入割合が高いカテゴリーである。

(3) コンビニエンスストア間比較のまとめ

コンビニエンスストア業態において，消費者はどのような点に満足し，不満なのかについて，ファミリーマートと好徳の比較を通して明らかにしてきた。

ファミリーマートと好徳では，全体の満足度に開きがあった。ファミリーマートは商品や売場，接客態度への評価が高く，カテゴリー別でも弁当やデザートを中心に，全体的に満足度が高い。

5 おわりに

　以上の検討から，中国の消費者はハイパーマーケット，スーパーマーケット，コンビニエンスストアのいずれの小売業態についても，徒歩で高頻度に来店していることがわかった。日本以上に商圏が狭いことが推察される。

　小売企業間の満足度を比較すると，単に「家から近い」，「ポイントカードが使える」だけでは評価が高くならないことがわかった。日本と同様に，売場や商品に対する目が厳しいと思われる。新商品や商品の幅広い品揃えが小売企業の満足度向上につながる可能性がある。

　中国消費者が望んでいる幅広い品揃え，きれいな売場作り等は，日本の小売企業や卸売企業，メーカーが実践してきたことである。中国チェーンストアには，本書のこれまでの章でみてきたような進場費に代表される取引上の問題は生じているが，消費者サイドからは，買いやすい売場，新商品を販売している売場が求められている。日本で実施してきた取り組みが，中国でも応用できる面は少なくない。

（矢野尚幸）

参考文献

神谷渉（2011）「中国最大手食品小売業「聯華超市」の研究」『流通情報』第490号（43巻1号），pp.30-36。

寺嶋正尚，川上幸代，後藤亜紀子，洪緑萍（2003）『最新よくわかる中国流通業界』日本実業出版社。

中国連鎖経営協会（2011）『中国連鎖経営年鑑 2011』。

終　章

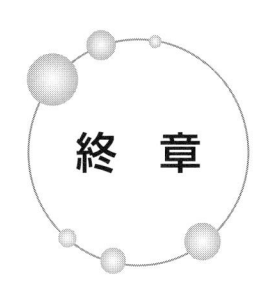

1　曲がり角にきている中国小売業

　中国の大手小売企業は，この間，年10％超の高い成長率を誇ってきたが，ここにきて成長鈍化傾向が顕著になってきている。中華全国商業情報センターの調べによると，主要小売企業100社の2012年9月の売上高伸び率は前年同月比7.8％増と3ヵ月連続で10％を下回った。10月にはやや回復して10％となったものの，20％前後の高い伸びを示してきた2011年と対照的な状況になっており，各地で店舗閉鎖の動きも進んでいる[1]。

　例えば，大型の百貨店やショッピングセンターでは，2012年8月に百盛商業集団（北京市）の百盛購物中心上海虹橋店（上海市），および中国春天百貨集団（福建省）の春天百貨上海四川北路店（上海市）が，同年9月には広州市広百（広東省）の広百百貨成都店（四川省）が，同年10月には西武百貨店深圳店（広東省，迪生創建国際が西武百貨店から商標ライセンスを受け運営）が閉鎖されている[2]。また，専門店チェーンでは，家電量販店最大手の蘇寧電器（江蘇省）と2位の国美電器（北京市）が2012年1〜9月にそれぞれ133店，102店を閉鎖した。さらにスポーツ用品店の匹克体育用品（福建省）と李寧（北京市）がほぼ同期間に1,000店程度を閉鎖している[3]。

　こうした事態をもたらした要因の1つは，マクロ的な景気減速や政府による家電の買い替え促進策の終了等によって個人消費の伸びが鈍化したことにあるといわれる。その一方で，小売企業の人件費や家賃等のコスト上昇が続いており，収益性も低下しつつある。

　このように中国小売業は業績面で曲がり角にきているといえるが，それは従来のような売上急拡大のなかで利益を稼ぐ経営モデルから，売上拡大鈍化

のなかで利益を確保する経営への転換が求められていることを意味しよう。すなわち，本書第1章や第2章でみてきたように，従来，中国のチェーン小売企業の成長はチェーン・オペレーションやサプライチェーン・マネジメントなどの経営モデルの卓越性によってもたらされたというよりも，入場費等の手数料徴収に代表される供給企業に対するバイイング・パワー行使によってもたらされた面が強いが，その見直しが問われているということである。

中国のチェーン小売企業は，利益確保にあたって入場費等の徴収に過度に依存する体質を有する。これはいわば安易な「棚売りシステム」に依存した経営ということができる。こうした状況について，陳（2009）は「食利型」（金利生活型）経営モデルと，Yong（2007）はチャネル・フィー依存経営モデルと，ともに批判的な観点から命名し，次のような問題点を指摘している。すなわち，こうした経営方式は，小売企業から，売れ残りのリスクを負いながら，売れ筋・死に筋を把握することで品揃えを改善するといった意欲や，さまざまな費用引き下げによって経営効率化を図ろうとする意欲を奪ってしまい，小売商業者本来の自立的経営の確立を妨げる。

また，「食利型」経営モデルは，供給企業にとっては，低い利益率をもたらす要因となる一方で，入場費等の支払いによる「棚買い」で安易に取引量を確保することに慣れてしまうと，生産費用引き下げや品質改善に対するインセンティブを失わせることになる。その結果，供給企業間では同質的競争が行われるようになり，高額の手数料支払いに応じることで，より広い陳列スペースを確保できる供給企業が有利となる。つまり，規模経済を働かせて生産費用をより低く抑えられ，より多くの支払い手数料を捻出できる上位企業ほど，有利になるということである。そのため，小売店頭の品揃えはますます同質化する。

さらに，「食利型」経営モデルは次のような理由から，消費者利益の阻害要因ともなっている。すなわち，小売企業は自らの品揃えを消費者の需要動向に沿って決定するのではなく，徴収できる手数料等の多寡に従って決定することから，小売企業の品揃えは消費者ニーズとかけ離れたものになる可能性がある。また，一見すると小売企業間で激しい価格競争が展開されているようにみえるが，手数料徴収の仕組みは，小売企業と供給企業の費用引き下

げのインセンティブを弱める方向に作用する。しかも，供給企業の中でも有力なブランドを有する上位企業は，手数料等の支払い額を織り込んで，自らの出荷価格を設定することから——それは生産費用が相対的に高い下位の供給企業にとっては，利益確保が難しい水準となるだろうが[4]——小売企業の販売価格は消費者にとって割高な水準に留まる可能性がある。

2　「食利型」経営モデルからの脱却に向けて

　以上のような状況について，流通関係者の多くは否定的に評価しているものの，なかなか改善が進まず，典型的な「囚人のジレンマ」状態にあるといわねばならない。第1章でも述べたように，2011年11月からは，中国商務部が発展改革委，公安部，税務総局，工商総局とともに，国務院の許可に基づいて「不正な費用徴収行為の整理整頓」を全国の関係機関に通知し，不正行為を集中的に取り締まってきているが，行政主導の規制には自ずと限界があることは，第2章で指摘されているとおりである。

　そうした中にあっても，自らリスクをとりながら独自のマーチャンダイジングを目指す動きが芽生えてきているのも事実である。その代表例としてあげられるのが，チェーン小売企業主導で農畜産物等の産地と連携して生鮮食品の調達，品揃えを改善・強化しようとする取り組みである。

　こうした動きのきっかけの1つとなったのが，中国政府が2008年から新たな施策として打ち出した「農超対接」である。この施策は，都市部における生鮮食料品供給に占めるチェーン小売企業のウエイトの高まりを背景にして，生鮮食料品供給の効率性や安定性，安全性を高めることを目的に，大規模チェーン小売企業および農産物流通企業が生鮮農産物産地の農産物専門合作社と直接取引・直接物流を行うことを目指すものである。

　商務部は「農超対接」の目的および目標として，次の各項をあげている。①農産物の流通段階数を減らし，流通コストを削減する。②生鮮農産物の販売困難問題（売れ残り等）を根本的に解決する。③農産物の品質を「畑から食卓まで」の全過程でコントロールし，安全性を高める。④現代的流通システムを構築し農民の収入を高め，都市と農村の協調的発展を促進する。そし

て，これらについて「試点（実験）企業」を指定して集中的に取り組ませることによって，2012年には試点企業における生鮮農産物の産地直接仕入れ比率を50％以上に高め，流通段階数と流通コストを引き下げ，産地から小売店頭までのコールドチェーンシステムを構築することが，当面の目標として掲げられた。試点企業として指定されたのはカルフール，ウォルマート，メトロなどの外資系5社，および内資系4社であった[5]。

これらのうち，内資系で最も成果をあげている企業とされるのが永輝超市である[6]。同社は，福建省福州で創設され，重慶市，北京市，安徽省とドミナント的に出店する拠点地域を飛び石的に拡大してきた。中国チェーン小売企業売上ランキング（2011年）では全体で20位，食品系のみでは8位に位置し，ハイパーマーケットおよびスーパーマーケット，生鮮スーパーマーケット等を286店舗展開している[7]。

永輝超市のこれまでの発展は，出店地域を拡大するプロセスの中で経営モデルを修正し，「農超対接」に基づいて農業への参入を果たし，産地と直結した生鮮食品に強い小売企業としての評判を確立したことに基づいている。同社の生鮮食品の「直営化」（農家・農業企業と契約し調達，加工，販売を一貫して行うこと）の歩みは，中国消費者の生活習慣の特性を踏まえながら，鶏卵，西瓜などから始められ，徐々に品目を増やしていくことによって，生鮮食品販売の競争力を高めてきた。現在，仕入れた商品の加工や再包装の多くは自社の物流センターで行っているが，今後，有力な農業企業と提携することによって，その工程を川上の段階で完成させようとしている。近年，外資系小売企業が2級都市（準大都市），3級都市（中規模の地方都市）へと相次いで進出してきているが，そうしたなかで生鮮品のマーチャンダイジング力は，自社独自の経営資源として，外資系に対抗ないし差別化する有力な武器になるものと同社ではみている。

こうした独自マーチャンダイジングの動きは，入場費等の費用徴収に過度に依存するリスクをとらない経営モデルから脱却し，小売商業者本来の自立的な経営モデルへの転換を多少なりとももたらす契機となる可能性がある。そこで，日本の製造企業や商社・卸売企業，小売企業としては，生鮮品の取り扱いや店づくり，売場づくりなどで協力，連携することによって，事業機

会の拡大につなげていくことが考えられる。

　ただし，近年，食品販売等における衛生・安全にかかわる規制が強化されていることが懸念材料としてあげられる。もちろん，衛生・安全規制の強化は中国消費者にとって望ましいことであろうが，反面でそれは小売企業にとって，この間の人件費や家賃の上昇に加えての新たな費用上昇要因となる。しかも，インターネット販売を含めて，小売企業間の価格競争はますます激化する傾向にあることから，売買差益に基づくフロント・マージンはさらに圧縮されている。こうしたことは，入場費等のバック・マージンへの依存から抜け出すのを難しくさせる方向に作用しつつあることも確認すべきである。

3 今後の研究課題

　最後に今後の研究課題について確認しておこう。

　ここまでみてきたように，中国の小売業界においては，従来の経営モデルからの転換が課題となっている。そのため，内資系小売企業，外資系小売企業のそれぞれが，そうした流れにどのように対応していくのか，および政府がどのような政策でそれらを誘導，支援ないし規制していくのかについて，継続的に注視していくことが第1の課題となる。

　第2の課題としてあげられるのは，中国消費者の意識や購買行動に焦点を当てた研究である。従来は，入場費等の費用徴収に基づく独特な「棚売り／棚買いシステム」によって，小売企業サイドも供給企業サイドも，消費者ニーズに基づく品揃えや売場づくり陳列等をどう実現するかについて，どちらかというと軽視する傾向にあった。しかし，小売企業の自立的な経営モデルへの転換が進めば，消費者意識・購買行動の把握，すなわち消費者インサイトに基づくマーケティングやマーチャンダイジングの必要性が高まる。逆に，小売企業や供給企業がそうした能力を身に着けるほど，自立的な経営モデルへの転換も促進されることになる。そうした意味で，消費者の意識と行動に関する研究，とりわけ現在消費市場の中軸を担いつつある，いわゆる"80后"や"90后"の研究の重要性が増すと考える。

第3にあげられるのは，より詳細な都市・地域研究に必要性である。中国では地域間の格差や都市内での格差がいっそう進む傾向にあり，都市・地域市場の多様性はますます高まる可能性がある。そのため，企業サイドからの研究，消費者サイドからの研究ともに，都市・地域ごとの特徴を共通性と異質性といった観点からより詳細にとらえることが求められる。

　第4にあげられるのは，グローバルな観点からの市場のとらえ方の問題にかかわる。企業や消費者の活動がますますグローバル化する中で，研究対象の地理的確定においてもグローバルな視点がより重要になっている。その意味で，中国の市場・流通研究も東アジア・ASEAN（東南アジア諸国連合），さらにはインドも含めたアジア経済圏における流通研究という広い視点のなかでとらえ直されるべきといえよう。とりわけ近年，中国との関係における政治的リスクや，景気動向や独特な取引制度・経営モデルといった経済的リスクの高さを考慮したリスクヘッジ策として，「チャイナ・プラス・ワン」という方向性が提唱され，多くの企業がベトナムやミャンマーをはじめとするASEANに熱い視線を向けるようになっている。そうしたことから，ASEAN研究の必要性が高まっているが，生産拠点としてのASEANについては実務的にも学術的にも知識の一定の蓄積があるといえるが，国内市場や国内流通については知識の蓄積が決定的に不十分の状態にある。

　例えば，タイ，ベトナム，マレーシアなどASEANのほとんどの国々には小売業に対する独自の参入規制や営業規制等が存在しているが，その狙いや今後の方向について，必ずしも十分整理できていない。また，小売市場をみると，いずれの国でも在来市場やパパママストアなど伝統的小売業態とスーパーマーケットやハイマーマーケットなどの近代的小売業態とが併存する二重構造を形成しているが，そのウエイトや変化の方向は当然ながらそれぞれの国ごとに異なる。小売市場における有力プレイヤーをみても，欧米系のグローバル製造企業とグローバル小売企業が市場の一定部分を抑える一方で，アジアワイドに活躍するセミグローバルなアジア系（その多くは華僑系）製造企業や小売企業（その多くは華僑系）も有力な地位にあることが少なくない。そこにさらに日系企業や韓国系企業が割って入るという，複雑な構図になっている。さらに，消費市場には民族的，社会的，文化的，宗教的

に多様な消費者が存在しており，所得の水準や分散も各々異なっている。つまり，ASEAN は一方で経済的な一体性のレベルアップを志向しつつも，それぞれに固有性や多様性を有する市場とみなければならない。

　こうした ASEAN の市場・流通の実態についての研究と，中国の市場・流通研究とを並行して進めることによって，アジアにおけるグローバルな市場・流通研究のダイナミックな展開について明らかにしていくことが求められている。

(渡辺達朗)

---

1)「日経 MJ」2012年11月9日による。
2) 同上。
3)「日本経済新聞」2012年12月12日による。
4) 日本系製造企業の中でも規模経済を享受できない後発組にとっての，中国市場の「難しさ」の1つはこの構造にあるといえる。
5) 商務部通達487, 2008年12月5日および商務部通達286, 2009年6月25日。以上は，呉軍氏（流通経済大学准教授）のご教示による。
6)「農超対接」の取り組み事例については，さらに渡辺 (2012) を参照されたい。また永輝超市のこれまでの歩みについては，呉軍 (2009)「中国小売企業永輝の成長戦略」『流通経済大學論集』44(1)を参照されたい。
7)『中国連鎖』2011年4月号による。

参考文献

陳立平 (2009)「小売業"食利型経営模式"」『連采通論』。
呉軍 (2009)「中国小売企業永輝の成長戦略」『流通経済大學論集』44(1)。
渡辺達朗 (2012)「中国・内資系小売企業における「農超対接」の取り組み―大規模小売と農業生産者との直接取引等のための連携―」『流通情報』第496号（44巻1号）。
Yong Zhen (2007) *Globalization and the Chinese Retailing Revolution : Competing in the World's Largest Emerging Market*, Chandos Publishing, Oxford, England.

執筆者紹介（執筆順，☆は編者）

☆渡辺　達朗（わたなべ　たつろう）　　　担当：第1章，第8章，終章，
　（編著者紹介を参照）　　　　　　　　　　　　　第2章監訳

陳　立平（ちん　りっぺい）　　　　　　　担当：第2章
　首都経済貿易大学工商管理学院教授

神谷　渉（かみや　わたる）　　　　　　　担当：第3章，第4章
　財団法人流通経済研究所主任研究員・国際流通研究室長

矢野　尚幸（やの　なおゆき）　　　　　　担当：第5章，第9章
　財団法人流通経済研究所主任研究員

李　雪（り　せつ）　　　　　　　　　　　担当：第6章，第7章，第2章翻訳
　中京学院大学経営学部専任講師

■編者紹介

渡辺　達朗（わたなべ　たつろう）

専修大学商学部教授・商学研究所所長，公益財団法人流通経済研究所理事・客員主任研究員。
1985年横浜国立大学大学院経済学研究科修士課程修了。流通経済研究所研究員，新潟大学講師・助教授，流通経済大学助教授を経て，1999年専修大学助教授，2001年より教授。
主要著作：『流通チャネル関係の動態分析』千倉書房，1997年。『流通政策入門（第3版）』中央経済社，2011年。『流通チャネル論』（共編）有斐閣，2011年。

公益財団法人　流通経済研究所
（こうえきざいだんほうじん　りゅうつうけいざいけんきゅうしょ）

国内海外の流通・マーケティングに関する研究・調査・教育を実施している経済産業省管轄の公益研究機関。設立は1966年。
理事長：上原征彦（明治大学専門職大学院教授）。

■中国流通のダイナミズム
　　――内需拡大期における内資系企業と外資系企業の競争
〈検印省略〉

■発行日――2013年4月16日　初版発行

■編　者――渡辺達朗
　　　　　　公益財団法人　流通経済研究所
■発行者――大矢栄一郎
■発行所――株式会社　白桃書房
　　　　　　〒101-0021　東京都千代田区外神田5-1-15
　　　　　　☎03-3836-4781　✆03-3836-9370　振替00100-4-20192
　　　　　　http://www.hakutou.co.jp/

■印刷・製本――藤原印刷
　ⓒ Tatsuro, Watanabe 2013　Printed in Japan　ISBN978-4-561-66201-3 C3063

本書のコピー，スキャン，デジタル化等の無断複製は著作権法上での例外を除き禁じられています。本書を代行業者等の第三者に依頼してスキャンやデジタル化することは，たとえ個人や家庭内の利用であっても著作権法上認められておりません。

JCOPY　〈㈳出版者著作権管理機構　委託出版物〉
本書の無断複写は著作権法上での例外を除き禁じられています。複写される場合は，そのつど事前に，㈳出版者著作権管理機構（電話03-3513-6969，FAX 03-3513-6979，e-mail: info@jcopy.or.jp）の許諾を得てください。
落丁本・乱丁本はおとりかえいたします。

好評書

吉原英樹・欧陽桃花【著】
中国企業の市場主義管理 本体 2,300 円
　―ハイアール

潘　志仁【著】
中国企業のもの造り 本体 3,000 円
　―参与観察にもとづいて

橋田　坦【著】
中国のハイテク産業 本体 2,000 円
　―自主イノベーションへの道

秋山憲治【著】
米国・中国・日本の国際貿易関係 本体 2,800 円

法政大学イノベーション・マネジメント研究センター【編】
発展する中国の流通 本体 3,800 円

税所哲郎【著】
中国とベトナムのイノベーション・システム 本体 3,300 円
　―産業クラスターによるイノベーション創出戦略

村松潤一【編著】
中国における日系企業の経営 本体 2,500 円

中野宏一・寺嶋正尚・春山貴広【著】
海外市場開拓のビジネス[第2版] 本体 2,500 円
　―中国市場とアメリカ市場

白木三秀【編著】
チェンジング・チャイナの人的資源管理 本体 2,800 円
　―新しい局面を迎えた中国への投資と人事

――――――― 東京 **白桃書房** 神田 ―――――――

本広告の価格は本体価格です。別途消費税が加算されます。